Colas Gutman

Journal d'un garçon

Médium poche
l'école des loisirs
11, rue de Sèvres, Paris 6e

Du même auteur à *l'école des loisirs*

Collection MÉDIUM

Les vingt-cinq vies de Sandra Bullot
Il va y avoir du sport mais moi je reste tranquille
(recueil de nouvelles collectif)

Loi n° 49.956 du 16 juillet 1949 sur les publications destinées à la jeunesse : mai 2017
Dépôt légal : mai 2017
Imprimé en France par Gibert Clarey Imprimeurs à Chambray-lès-Tours (37)

ISBN 978-2-211-22266-2

SEPTEMBRE

6 septembre
Tout le monde se fiche de mon entrée en seconde, pourtant j'ai des choses intéressantes à dire : dans ma classe, il y a un type qui ressemble à David Pujadas.

7 septembre
Je repère les bons élèves, qui ne font pas la différence entre un jean et un jogging, les indécis, mi-hommes, mi-glandeurs, qui gribouillent sur les tables. Il y a aussi un petit groupe d'adorateurs de Satan : pantalon noir, esprit sombre, idées noires.

Pujadas me colle. Mme Reno, ma prof principale, fait l'appel. Une jolie brune, Nathalie Sicard, est assise à côté de Tran N'Guyen.

10 septembre
Ce matin, mon père a insisté pour que je mette un jogging parce que j'ai gym. Il n'imagine pas une

seconde que je puisse le prendre dans mon sac. Comme j'ai résisté, il a sorti son arme psychologique préférée : la confidence.

– Si tu veux mon avis, je pense que tu veux cacher ta virilité et que tu as honte de tes mollets. Regarde Cédric, est-ce que ça le gêne, lui ?

Cédric est le fils de ma belle-mère. Je partage ma chambre avec lui. C'est très bizarre de partager la chambre de quelqu'un qui dit tout haut ce que tout le monde pense, en général, tout bas : « Je vais me coucher, mais d'abord, il faut que je vérifie que j'ai bien ma trousse, mes cahiers et mes livres. Tiens, je vais aller faire pipi, comme ça, je n'aurai pas envie cette nuit. »

Super, merci, Cédric.

11 septembre

Je me demande pourquoi certaines familles sombrent, comme la mienne.

Je pense que tout part d'un malentendu. Mon père a rencontré ma mère quand il avait encore des cheveux. Elle l'a trouvé beau. Ils nous ont faits, ma sœur et moi. Et, quand elle en a eu marre de regarder mon père faire les comptes, elle est partie. Ensuite, il s'est remarié avec la première femme qui pouvait réussir un gratin dauphinois sans le brûler. La classe.

12 septembre

Ma mère appelle, elle est à Tanger, je la vois peu, et, quand elle m'a au téléphone, elle ne me lâche pas.

– Ça va, mon chéri ? Alors, ta rentrée ?

– Géniale.

– T'as repéré des gens sympas ?

– Super.

– Et ta sœur, elle est contente aussi ?

– Formidable.

– Et ton père ?

– Tout va bien.

J'aime bien parler avec elle. Comme elle ne connaît rien de ma vie, je peux tout lui dire, même si c'est faux. Et puis, je sens qu'en étant si positif je lui fais aussi du bien, à distance.

Ma belle-mère, elle, risque de finir la tête encastrée dans son four si elle continue à surveiller son gratin d'aussi près. Flo, ma sœur, regarde la télé, elle attend les pubs pour les rouges à lèvres gloss.

15 septembre

J'observe de loin des groupes se former dans la cour.

Je suis attiré par une assemblée de jeans slim. Pour quelqu'un qui a été habitué à porter un jogging trois jours sur quatre, ces formes ajustées sont le comble de l'élégance. Mon père refuse que je suive les tendances sous prétexte que la mode, ça se démode. Il ne jure que par le jogging, pour lui et pour les autres, mais la révolte gronde. Je guette les gens autour de moi. Je décide que le premier qui viendra me parler sera mon ami pour les cinq prochaines minutes. Je prends un air dégagé, j'attends sur mon banc comme une bague attend son doigt. Et le gagnant est : David Pujadas.

– Tu ne trouves pas qu'il fait froid pour un mois de septembre ?

Je ris à gorge déployée comme s'il venait de m'annoncer qu'il sortait avec Chantal Goya. Un type avec un slim nous a entendus.

– C'est de moi que tu ris ?

– Pas du tout, on se foutait de la gueule des gens qui achètent des jeans larges avec des trous déjà faits.

– Ah ouais, t'as raison, ils sont trop cons. Je m'appelle Michaël et toi ?

– Paul Krazcshlupovski.

J'adore dire mon nom, il est imprononçable.

16 septembre

La Belle au bois dormant est sortie du couloir. Je me suis renseigné. Elle s'appelle Lisa Tapir, elle est en terminale option théâtre, autant dire inaccessible pour un seconde sans option. Elle ne m'a pas vu tout de suite. Je lui ai tenu la porte et je lui ai dit :

– Ils pourraient faire des portes moins bruyantes, en mettant des gonds plus souples !

J'ai repensé au test de ma sœur pour savoir quand on tombe amoureux : cœur qui bat plus vite, mains anormalement moites, tendance à dire des phrases très compliquées pour faire style (voir plus haut), impression de ne pas avoir le bon T-shirt, le bon pantalon, les bonnes chaussures. En fait, d'être un plouc face à la personne la plus belle que vous ayez jamais rencontrée.

Je me suis dit que je répondais positif à toutes les questions du test.

16 septembre (soir)

Flo est roulée en boule sur le canapé, comme un petit chat. J'ai passé un pacte avec elle. Au lycée, on ne se connaît pas. Devant la télé, par contre, elle a tendance à me prendre pour son meilleur pote :

– T'as vu comme il ressemble au capitaine Igloo !

Un vieux marin décati observe une mouette devant la pointe du Raz (Bretagne).

– Tu les connais, toi, les option théâtre ?

– Non, je ne connais pas Lisa Tapir, si c'est ta question. Mais je crois que c'est une pute !

Je regarde la mer qui s'agite derrière le capitaine. Je voudrais que ma sœur s'y noie comme un petit chat.

17 septembre

Cédric affirme : ceux qui tiennent des journaux intimes sont :

a) des filles ;

b) des pédés ;

c) des filles-pédés.

Mon père semble être d'accord. En matière de psychologie, les deux atteignent des sommets.

18 septembre

Pujadas apprend que Chateaubriand est autre chose qu'un pavé béarnaise. Il n'en revient pas. S'il insiste, Mme Reno, notre prof de français, est bien décidée à lui faire manger sa prose romantique. Je me demande ce que fait Lisa en ce moment. Je ne l'ai vue que quelques secondes et elle me manque déjà.

Je n'arrive pas à me concentrer. David Pujadas souligne au Stabilo ses bristols. J'ai l'impression que Nathalie Sicard me dévisage. Sans doute qu'une impression.

19 septembre

Elle s'est appuyée contre une barrière métallique devant le lycée. J'ai froncé les sourcils et balayé la rue du regard à la manière de Clint Eastwood. Elle a regardé sa montre, puis a décollé son dos de la barrière. Elle est partie comme si elle avait attendu pour rien. Je me suis glissé à sa place pour sentir sa présence, l'air de rien.

20 septembre

Mon père me paie une glace dans un square. Il pleut, ça caille, mais il a l'air content.

– Tu sais, cette année, je voudrais vraiment que tu fasses quelque chose.

Mon père a vu un reportage sur des ados américains qui passent leur temps à grossir devant leur télé. Ceci explique cela.

J'ai dit la première activité qui me passait par la tête : « théâtre ». J'ai senti qu'il aurait préféré que je prononce les mots « foot » ou « rugby ».

22 septembre

Le plafond est bas, nous sommes une quinzaine, entassés dans une pièce mal éclairée. Une vieille dame vêtue de manches de d'Artagnan me souhaite la bienvenue : c'est Mme Danielle. Les autres m'entourent, je ne distingue pas leurs visages, je suis aveuglé par un spot de lumière blanche. Mme Danielle m'invite à fermer les yeux, la tête me tourne. Elle se met à chanter : « Frère Jacques, frère Jacques, dormez-vous, dormez-vous ? » J'enchaîne : « Sonnez les matines, ding, deng, dong. » Je tangue. Je me laisse tomber. Des mains me retiennent et me poussent dans tous les sens. Je dois me laisser faire, ne pas résister. Faire confiance au groupe.

Est-ce cela, le théâtre : une secte de frères Jacques ?

Je me retrouve le cul par terre. Quand j'ouvre les yeux, je vois un spectre devant moi. Lisa Tapir, qu'est-ce que tu fais là ? ! Je dois faire une drôle de tête parce qu'elle me demande :

– On se connaît ?

– Non, enfin, oui. On est dans le même lycée.

– Ah bon, t'es en quoi ?

– Seconde 6.

– Ah, je vois. Tu m'excuses, faut que je retourne m'asseoir.

23 septembre
Pourquoi c'est toujours aux garçons de faire le premier pas ?

24 septembre
Pourquoi c'est toujours à moi de mettre la table ?

25 septembre
Je réfléchis. J'avais une chance sur un million de tomber sur elle. Est-ce un signe ? Dans ma classe de seconde, je fais une tête de terminale. Nathalie Sicard a dû s'en apercevoir, elle se retourne sans arrêt sur moi. Je suis distant et classe.

26 septembre
Je pense que mon père m'a appelé Paul pour se venger (il s'appelle Jean-Claude). Je pense aussi qu'il a épousé ma belle-mère pour se punir.

En ce moment, je ne sais pas pourquoi, il me demande mon avis sur tout et n'importe quoi :

– Qu'est-ce que tu dirais si je faisais un autre enfant ?

– Ça dépend avec qui.

– Ben, avec Aline (ma belle-mère).

– Bah, alors, bof.

27 septembre

Je l'ai frôlée. Ma main a touché sa veste. Je suis resté à sa hauteur pour qu'elle remarque ma présence. Elle a continué à avancer et je me suis mis dans ses pas. Elle m'a dit :

– Tu veux quelque chose ?

– Moi ? Non, pourquoi ?

– Je te connais, non ?

– Oui, je suis dans ton cours de théâtre.

– Ah ouais, c'est vrai, t'es un seconde.

Elle ne m'a même pas demandé mon prénom. Mais, après tout, elle a raison, je ne vais pas débarquer de ma troisième de plouc avec mon jogging et séduire la plus belle fille de terminale. Laisse tomber, Paul. Rentre chez toi, mange un gratin et couche-toi.

29 septembre

C'est ma plus mauvaise rentrée depuis le CM2 (un CP m'avait pris pour sa maman), je vais réagir, travailler, repasser mes chemises et passer une très bonne année. C'est sûr.

Cédric, si tu pouvais arrêter de respirer par la bouche quand tu dors, tu me rendrais un grand service.

OCTOBRE

3 octobre

Je me fais une tartine. Je prends une douche (jet sur position 3). J'essaie un vieux 501 de Flo (« Petitchat » pour les intimes), elle refuse de me le prêter : « T'as qu'à t'en acheter un. » Je remets mon jogging (le vert). Je me demande ce que ressentait Al Pacino avant de prendre un cours de théâtre.

Cédric se fait une tartine de confiture d'oranges amères (beurk). Ma belle-mère sautille devant sa hotte (serait-elle déjà enceinte ?). Flo, notre Petitchat à tous, ronronne devant son bol de céréales. Finalement, la famille, c'est sympa.

J'emprunte la rue des Prairies pour me rendre au lycée. Je passe devant un magasin de chaussures orthopédiques qui fait de fausses promos à 145 euros les sabots.

Petit cahier, aujourd'hui je te prends avec moi. J'ai beaucoup de choses à te confier.

Cours de français : je gratte ma table pour savoir si la couche de plastique supérieure se décolle.

Cours d'anglais : ma chaise n'est pas stable, je me balance en arrière et manque de me casser le coccyx.

Je me fais engueuler en plus parce que je fais du bruit.

Cours de français (encore) : j'ai l'emploi du temps le plus tarte de la terre. Chateaubriand, le mec à la sauce béarnaise, cède sa place à Victor Hugo. Je finis de décoller mon morceau de plastique.

SVT : David Pujadas me parle, je ne l'écoute pas lorsque j'entends :

– C'est atroce, à part toi, je n'ai pas de copains.

Je lui réponds :

– Ce qui est atroce, c'est de me le dire.

3 octobre (soir)

Mme Danielle nous a demandé de visualiser un animal.

Je me suis avancé sur scène et j'ai crié :

– Cot cot codec !

Mme Danielle m'a indiqué qu'il ne fallait pas

imiter la poule mais « se sentir » une poule ! La honte. J'ai regagné ma place et ils ont défilé un à un : ils ont tous fait le singe ou le lion.

Et puis, ce fut son tour : agile, vive et féline, elle s'est avancée telle une panthère et elle a crié :

– Aïe, putain de merde !

– Qu'est-ce qu'il y a, Lisa, ça ne va pas ?

– Non, je me suis coincé le dos.

J'ai espéré qu'elle ne s'était pas fait trop mal. J'ai failli le lui demander à la sortie du cours, mais elle s'est appuyée sur son frère. En tout cas, un type avec une tête de frère.

4 octobre

Je crois que Petitchat s'est trouvé un gros matou. Je l'ai vue embrasser Christian Martini dans la cour. Ma sœur a de la chance, elle n'a jamais été pudique. Elle n'a jamais été un garçon obligé de faire le premier pas, non plus.

5 octobre

– Ça va, la poule ? m'a dit Lisa en me croisant dans un couloir.

Je ne sais pas pourquoi, mais je sens qu'elle n'est pas amoureuse.

7 octobre

Pourquoi j'ai fait la poule ? Si au moins j'avais fait le coq...

8 octobre

Mme Danielle nous a donné des devoirs pour la maison. Je peux décider d'être une fleur si je veux.

Je ne veux pas.

Ma belle-mère prépare un dîner spécial gratin : gratin de courgettes, gratin feta tomates, gratin de fraises. Mon père tente une blague : « Ça la gratte, hein ? » Je me sens loin de mon père. Très loin.

10 octobre

Petitchat exulte. Elle adore la nouvelle pub Dior.

– Dior, j'adore !

C'est le moment de lui poser discrètement une ou deux questions :

– Tu l'as rencontré comment, Christian ?

– Tu sais bien, au lycée.

– Oui, mais concrètement, comment vous avez... ?

– Il m'a avoué qu'il mettait des slips kangourous.

– Et ?

– J'ai trouvé ça trop mignon.

Merci, mais ça ne m'aide pas beaucoup.

11 octobre

Je n'ai pas révisé. Je ne sais pas si je vais réussir à me transformer en petite fleur des bois. Je crois surtout qu'après ma prestation de la poule en furie je ferais mieux de rester chez moi. Je pèse le pour : si j'y retourne, je vais la revoir. Le contre : si j'y retourne, elle va revoir la poule qui est en moi.

Je vais en coulisses, l'endroit où les gens se rongent les ongles, ont la bouche pâteuse et vomissent sur leurs chaussures. Mme Danielle appelle ça l'antichambre du succès. Elle dit que c'est normal d'avoir le trac, seuls ceux qui n'ont pas de talent ne l'ont pas.

Moi, j'ai le trac, Lisa, le trac que tu ne viennes pas.

12 octobre

Elle est venue. Elle est restée sur sa chaise. Elle devait avoir encore un peu mal aux lombaires. J'ai fait « la fleur ». Je me suis appelé Marguerite pendant trois minutes. J'ai transformé mes bras en pétales et ma tête en pistil. Je ne l'ai pas regardée. Une fleur, ça n'a pas d'yeux. Je me suis balancé de gauche à droite, bercé par un petit vent circulaire, imaginaire. J'ai joué une tragédie : « La petite fleur qui a peur d'être cueillie. » Une pièce en un acte qui finit mal (la petite fleur se fait écraser par un touriste allemand).

Mme Danielle, qui décidément a un nom d'ancienne prostituée, m'a félicité, je crois que j'ai rougi comme un coquelicot.

13 octobre

Après la poule, la fleur, mes chances s'amenuisent jour après jour.

Ma belle-mère fait un sitting dans la cuisine. Elle décide coûte que coûte de réparer le joint intérieur de son four. C'est bizarre à quoi certains humains passent leur existence.

Mon père a décidé de surveiller ma scolarité.

– Quelle est ta dernière note ?

– 15.

– C'est bien, mon fils.

– Tu ne veux pas savoir en quoi ?

– Si, bien sûr.

– En gym.

– C'est encore mieux !

J'imagine que mon père doit secrètement rêver que je devienne CRS ou un truc dans le genre.

Je vais voir ma sœur dans sa chambre. Petitchat a

le blues. Elle ne comprend pas pourquoi les gens détruisent la planète sur laquelle ils vivent.

– Ils sont trop cons !

– T'as raison. Dis, tu le trouves comment, mon look ?

– Lequel : jogging ou pyjama ?

C'est vrai : le jogging en sixième, passe encore. C'est un peu comme le pyjama pour dormir. Quand on est petit, c'est mignon, après, ça devient gênant. Je décide de ne plus jamais dormir en pyjama de ma vie et de récupérer un slim au plus vite. J'ai froid. Cédric refuse qu'on fasse marcher le convecteur la nuit, parce que Miss Gratin dauphinois lui a dit que la chaleur sèche est mauvaise pour ses boutons d'acné.

J'ai froid, mais je m'en fous. Je sens mon T-shirt sur ma peau. Je me sens bien, quasi musclé.

14 octobre

Gym : lancer de poids. Quelqu'un peut-il me dire à quoi ça va me servir dans la vie ?

15 octobre

Dimanche. Jour du Seigneur, de l'ennui et de Michel Drucker. La technologie arrive enfin chez nous. Mon père s'est acheté un nouveau PC avec contrôle parental intégré : l'Internet bas débit ; une femme nue met environ trente-cinq minutes à apparaître sur l'écran.

Petitchat, elle, accueille le nouvel entrant avec enthousiasme. Elle veut créer son blog pour sauver la planète. Elle teste quelques slogans sur moi avant de les mettre en ligne : « La Terre, c'est ton ancêtre, respecte ! », « La terre, fais-lui l'amour, pas la guerre. »

Remplir mon journal occupe ma journée. Je pourrais appeler David Pujadas, il m'a donné trois fois son numéro pour que je ne le perde pas. J'ai trop peur d'aller chez lui, de m'ennuyer. En plus, si sa mère ressemble aussi à David Pujadas, ça ne va pas aller.

Les mots « poule » et « fleur » me reviennent en mitraillette. Je pense à Lisa.

Je crois que Tran N'Guyen sort avec Nathalie Sicard. Une intuition.

16 octobre

Ma mère a appelé. Elle est à Saint-Pétersbourg.

– Allô.

– Da, da.

– Maman, j'ai compris que t'étais en Russie, n'en fais pas trop.

– Da, da, ça va ?

Habituellement, j'ai une sorte de répondeur automatique à cette question, je réponds « Et toi ? » ou « Super, et toi ? ». Une façon d'être poli sans trop en dire. Là, j'ai été un peu plus loquace.

– Tu sais, maintenant, je fais du théâtre.

– T'as des nouveaux copains ?

– On ne dit plus « copains » depuis le CM2, mais oui, je me suis fait quelques nouveaux potes et même quelques nouvelles copines…

– Ah, parce qu'on dit « copines » ?

– Oui. Tu veux parler à Flo ?

Petitchat s'est jetée sur le combiné, j'ai regretté d'en avoir trop dit.

19 octobre

Mme Danielle n'était pas dans son assiette, elle nous a proposé de jouer à « la mort ». Je me suis allongé par terre. Ma colonne vertébrale devait s'enfoncer dans le sol pour que je sente l'attraction terrestre. J'avais l'avantage d'être juste derrière Lisa. Ma tête à deux centimètres de la sienne. Je sentais son shampoing. Je n'étais pas mort du tout. Je voulais la toucher, mais je n'osais pas.

Je n'ai pas toujours été comme ça. Quand j'avais

quatre ans et que ma sœur invitait des copines à dormir à la maison, je me blottissais contre elles pendant leur sommeil. Je les prenais pour des peluches. Aujourd'hui, je sais que les filles ne sont pas des peluches. C'est peut-être pour ça que Lisa m'intimide tant. En se redressant, elle m'a dit :

– Tiens, c'est marrant, je n'avais pas remarqué que t'étais si petit.

J'ai bâillé, les yeux au plafond. Elle m'a regardé comme si j'étais une tranche de jambon trop fine. J'ai essayé de répliquer en disant quelque chose de sympa pour la déstabiliser.

– C'est ton parfum qui sent bon comme ça ?

– Non, c'est mes pieds ! Tu m'excuses…

– Pas de problèmes, je dois y aller aussi de toute façon.

Lisa Tapir, tu pues.

20 octobre

Je m'entretiens dans la cour avec Christian Martini, petit ami de ma sœur et leader charismatique du groupe les Œufs Deep, une célébrité du lycée. Il m'explique avoir scruté l'âme humaine et en avoir tiré la conclusion définitive : « L'homme est une crêpe. »

J'aime bien Christian, à côté de lui, j'ai l'impression d'être un génie. En plus, il est connu. Je veux juste que Lisa nous voie ensemble. Dès qu'elle passera devant nous, je lèverai les yeux au ciel comme pour dire : « T'as vu l'imbécile à mes côtés ? Eh bien, je suis son contraire. »

Ça a failli marcher.

– T'as l'heure, Christian ?

– Non.

Alors j'ai dit :

– Il est 10 h 15.

Et elle a dit :

– Tu le connais, ce type ?

– Paul ? Oui, c'est le frère de Flo.

– Qui ?

– Ma copine, tu l'as vue une fois, elle est en option sport, tu ne l'aimes pas.

– Ah oui, c'est vrai, ils se ressemblent. Tu pourras me filer ce que t'as sur Molière ?

– Si tu veux, mais je n'ai pas grand-chose de neuf.

Quand Lisa est partie, j'ai demandé :

– T'es en option théâtre, toi ?

– Tu ne connais pas toute ma bio, mec !

Christian m'a tapoté l'épaule avec condescendance. Décidément, j'adore ce type.

21 octobre
Flo pleure devant moi, notre mère a appelé, on ne la verra pas avant Noël. Je crois que ma sœur se joue parfois un drame intérieur. « Je suis la plus malheureuse du monde et j'ai encore trois ans et demi. » Je le connais aussi, pour me le jouer de temps en temps.

22 octobre
De la tête aux pieds.

Elle a deux yeux comme tout le monde (sauf les Cyclopes). Ils sont noisette avec du vert à l'intérieur, parfois j'y vois aussi du bleu, mais sans doute parce que j'aime les yeux bleus. Elle a un grain de beauté sur le visage, placé près de ses lèvres. Il est discret et me conduit toujours à regarder sa bouche, ronde et pulpeuse. Son nez est exemplaire, ni trop droit, ni trop fin. Ses joues sont roses et pleines. Sa nuque souple et délicate est douce comme de la soie. Son T-shirt laisse apercevoir deux petits seins tendres et raffinés. Elle n'a pas de sexe et ses pieds sont plats.

C'est Sophie, la poupée qui se plie !

Mme Reno n'a pas aimé ma compo. Elle m'a mis 2. Pourtant, j'ai répondu à sa question : « Le beau est toujours bizarre, commentez. »

24 octobre

Je suis en seconde, elle en terminale. Elle mesure un mètre soixante-huit et moi soixante-quatre et demi : je ne vais pas me laisser intimider. Je vais lui prendre la main, ou plutôt... Voilà, c'est ça : je vais me jeter sur elle et lui rouler une grosse pelle comme un sauvage sans lui dire un mot. Ensuite, on verra.

25 octobre

Je me suis baladé à l'intercours avec David Pujadas. J'ai fait attention de ne pas dévoiler ma vie intérieure occupée à scruter Lisa. Michaël, le garçon de la bande des slims, nous a rejoints, il a fait signe à Pujadas de dégager.

– Je t'ai vu l'autre jour avec Christian Martini. Tu crois que tu pourrais m'arranger un entretien avec lui ?

– Qu'est-ce que tu lui veux ?

– Créer une page sur son groupe.

– Va le voir.

– Il m'impressionne trop.

J'ai regardé Michaël des pieds à la tête et je lui ai dit :

– Tu l'as acheté où, ton jean ?

– Chez *Kenny Rose*. Pourquoi ?

– Si je t'arrange ton coup, tu peux me l'avoir en noir (29-32) ?

– Peut-être.

D'habitude, je ne suis pas comme ça, mais je ferais tout pour un jean ajusté. Distant mais classe.

25 octobre (un peu plus tard)

Je n'ai pas fait la poule, ni la fleur, ni la mort. J'ai joué à Lisa Tapir et Lisa Tapir a joué à Paul Krazcshlupovski.

Le jeu du miroir, il fallait y penser. Je te guidais, tu me suivais, tu répétais tout ce que je faisais, simultanément et avec grâce. Bien sûr, il m'était défendu de toucher à mon double. Je t'aurais embrassée sinon, Lisa, et tu m'aurais rendu mon baiser. Mais, lorsque j'ai pivoté, j'ai effleuré tes doigts et tu t'es laissé faire.

Je sais désormais qu'il est possible de passer de l'autre côté du miroir. Dommage que tu l'aies brisé si vite.

– Excuse-moi de te demander ça, Paul, mais t'as une petite copine ?

– Pardon ?

– Je te demande si t'es avec quelqu'un…

– Euh… Pourquoi ?

– Avec une copine, on fait un sondage sur la vie sexuelle des secondes.

– Ben, en ce moment, je suis plutôt seul, mais par choix, si tu vois ce que je veux dire.

– Bien sûr.

– Et toi ?

Elle a haussé les épaules comme pour me dire : « Qui es-tu pour retourner ma question, petit bonhomme de seconde ? »

Avec Lisa, j'ai souvent l'impression d'être une pelote de laine sous les griffes d'un chat.

26 octobre

Ma mère appelle encore. C'est la troisième fois ce mois-ci, ou elle s'emmerde franchement ou je lui manque vraiment.

– Alors, et tes nouvelles copines ?

– Qui ?

– Ben, je ne sais pas, tu m'as dit que t'avais…

– Ah, Lisa…

– Alors elle s'appelle comme ça ?

– Lisa, ouais, c'est une bonne copine. Enfin, bon, elle me colle un peu trop, mais sinon, ça va.

– Tu me la présenteras ?

– Écoute, j'en sais rien, c'est pas une plante verte, je ne vais pas te l'apporter dans un pot.

– Je sais que tu vas me trouver un peu ridicule, mais je suis fier de mon petit garçon.

Et moi, j'ai honte d'avoir menti pour me sentir heureux.

27 octobre

8 h 15-10 h 15 : français

10 h 15-11 h 15 : espagnol

11 h 15-12 h 15 : histoire

12 h 15-13 h 15 : self (déjeuner)

13 h 15-14 h 15 : physique

14 h 15-15 h 15 : maths

15 h 15-16 h 15 : SVT

16 h 15-21 h 00 : glandouille, devoirs, douche, télé.

21 h 00-21 h 30 : hachis parmentier (gratin de ma belle-mère)

21 h 30-23 h 00 : télé avec coupures pub

23 h 00-00 h 00 : lecture : *Les grandes espérances* (Dickens), *Tintin en Amérique* (Hergé)

00 h 00-6 h 45 : dodo

30 octobre

Mon slim me va comme un gant Mapa. Je décide d'aller le « baptiser » en ville.

J'appelle David Pujadas. Je lui demande de m'accompagner. J'ai l'impression de lui faire un double cadeau : anniversaire + Noël. J'ai honte, je suis pareil à une de ces belles filles qui traînent une moche à leurs côtés. Je croise les doigts pour rencontrer Lisa.

Comme s'il avait voulu me faire plaisir, Pujadas a mis sa chemise à carreaux la plus affreuse (orange avec des roses incrustées entre les lignes), un truc impossible, recouvert par un gilet sans manche en laine polaire. Quand il a ouvert la bouche, j'ai cru à une blague :

– Et si on draguait ?

Je ne savais pas quoi répondre, alors j'ai marmonné :

– OK, mais où ?

– J'sais pas, au McDo', comme ça, si ça foire, on pourra toujours manger.

On s'est dirigés vers le plus proche et j'ai senti que c'était le jour le plus triste de ma vie. J'étais avec un adorateur de menus XXL qui attendait que j'aille parler aux trois filles les plus vulgaires du monde. L'une avait du ketchup sur la joue, l'autre faisait des bulles avec sa paille. La troisième gribouillait sur son plateau avec de la sauce pommes frites.

– T'es sûr ? je lui ai demandé.

– Ben ouais, on serait trop cons, elles sont trop bonnes !

Quand je me suis levé, j'ai cru apercevoir Lisa avec un type. J'ai renversé mon demi-litre de Coca sur mon jean, en glissant sur le carrelage gras. Je suis allé m'excuser auprès de l'employé du mois et je n'ai pas revu Lisa.

31 octobre

Je n'ai pas peur que Cédric tombe sur mon journal. C'est un garçon, il n'aime pas lire. Petitchat, par contre, je sais que depuis quelque temps tu viens t'étirer dans ma chambre comme s'il y avait du rab de croquettes. Si tu trouves ces lignes, sache que tu es ma sœur préférée (même si je n'en ai qu'une). Sache aussi que, si tu balances quoi que ce soit sur Lisa, je dirai à tout le monde que tu es sorti en troisième avec Patrick Saint-Blaise, l'homme qui jouait de la flûte de Pan dans le métro.

NOVEMBRE

1er novembre

Papa est content : les Krazcshlupovski ne seront pas une espèce en voie de disparition. Miss Gratin dauphinois est enceinte de quelques semaines. Ce soir : double ration de patates pour tout le monde !

2 novembre

Les vacances de la Toussaint commencent tôt cette année. Je reste à la maison avec Cédric et ma belle-mère, deux preuves vivantes que les humains sont en train de muter en légumes : pois chiche et pois chiche.

4 novembre

Suis-je une fille ?
Suis-je un pédé ?
Suis-je une fille-pédé ?

6 novembre

Petitchat a trouvé de nouveaux slogans, mais elle a définitivement changé de modèles. Fini les gels anti-frisouillis et rouges à lèvres à paillettes, vive les altermondialistes et les écologistes !

8 novembre

Ma mère appelle de Roubaix.

– Comment va ta Lisa ?

Dans ma tête, je pense : « Surtout, ne dis rien », mais je lui réponds :

– Très bien. Tu sais, elle est en terminale.

– Je vois : mon fils préfère les vieilles. Est-ce qu'elle porte des jupes, au moins ?

– Ben oui, ça lui arrive… Mais on est en novembre, tu sais, ça caille.

Ma mère se délecte de mes mensonges : ou bien elle les croit vraiment, ou bien elle les aime trop.

10 novembre

Le mec qui a inventé les tours de stade par cinq degrés Celsius est un sadique. J'ai mis mon jogging vert (le bleu est au sale). J'ai couru lentement pour ne pas me brûler les bronches et avoir les cheveux collés par un gel à base de sueur.

Je n'ai pas vu Lisa de la journée : elle est restée au troisième étage avec les terminales et moi au premier avec les secondes.

12 novembre

Mme Danielle nous a demandé de nous regrouper pour une séance de rire collectif. On a fait une sorte de mêlée aplatie. J'ai senti son odeur : mûre et musc, mélangés à de la lessive (Le Chat machine ?). Mme Danielle nous a dit :

– Et maintenant, allez-y !

Je ne voulais pas qu'elle me voie ouvrir la bouche pour sortir un son d'otarie. J'ai froncé les sourcils, mais Aldo (c'est son vrai prénom) m'a poussé. Je me suis retrouvé la joue écrasée sur sa cuisse. Elle a secoué la jambe comme un chien pour se débarrasser d'une puce. Je me suis excusé tout bas, pour qu'elle n'entende pas que la puce, c'était moi.

Distant et classe, j'ai regagné ma chaise. C'est le moment qu'a choisi Lisa pour me chercher des poux :

– T'aurais pu me dire bonjour, au McDo'.

– Ah, tu m'as vu ?

– Qu'est-ce que tu crois ? Un mec qui renverse

un litre de Coca sur son jean, ça ne passe pas inaperçu.

– Bien sûr.

– Au fait, je t'annonce officiellement que tu fais partie des quatre-vingt-dix-sept pour cent des secondes qui n'ont pas de vie sexuelle. Résultat de mon sondage. Sachant que tous ont répondu qu'ils avaient déjà couché au moins une fois dans la semaine et qu'aucun ne m'a regardé dans les yeux en le disant.

– Mais…

– Quoi ? T'as quelque chose à ajouter ?

– Non.

13 novembre

Ma belle-mère (que Dieu ait pitié de ses gratins) décide de se confier :

– Je voulais que tu saches…

(Aïe !)

– … que, quand il ou elle sera né, tu devras bien t'en occuper.

Le coup tordu imparable :

1) Je fais un enfant.

2) Je l'abandonne à un adolescent de 15 ans.

3) Je m'exile au Groenland.

16 novembre

Je me dirige vers Michaël, mon fournisseur officiel de jeans. Il mesure un mètre quatre-vingts, fume des Craven A pour faire style, et mange des Pim's framboise pour faire genre. En des temps préhistoriques, ce type se serait probablement habillé avec un mammouth de marque.

– Alors, ton interview ?

– Écoute, ça a été très profond, très Œufs Deep, si tu vois ce que je veux dire. Christian est très préoccupé par la planète. Il dit que la planète, « c'est un danger ».

– Tu veux dire : la planète est en danger.

– Non, il sait très bien ce qu'il dit. Tiens écoute. C'est une version *unplugged* de *Ma planète, tu l'aimes ou tu la quittes.*

Ma planète, t'es pas une poubelle,
Un vide-ordures qui pue les œufs durs,
Ma planète, t'es pas une décharge,
Qu'a la rage, qu'a la rage,
Ma planète, t'es pas que du butane, ni pas que du propane !
Ma planète, tu l'aimes ou tu la quittes,
Et si tu la pollues, demande donc à ta mère de t'en acheter une autre !

– C'est fort, non ?

Sans commentaire.

17 novembre

J'ai contemplé l'horizon pour avoir l'air cool. J'ai manqué d'assurance quand elle est venue me proposer de partager son orange.

– T'en veux ? J'en veux plus !

Ça m'a tellement troublé que je lui ai demandé :

– T'es sûr ? Tu veux pas que je t'en paie la moitié ?

– Non, ça va.

Elle a cessé de me regarder comme un arriéré mental et elle a séparé l'orange en deux. Moi, j'ai tout avalé d'une traite pour prouver que j'avais une grande bouche. En fait, je ne sais pas pourquoi j'ai fait ça, sinon pour m'étrangler et ne plus avoir à parler. Dans une orange, les quartiers se laissent glisser, mais la peau amère et blanche est redoutable. Je l'ai sentie se bloquer sous mon palais. Distant et classe, je n'ai rien montré. Mais à un moment j'ai dû choisir : la honte ou la mort. J'ai mis une main dans ma bouche (la droite) et j'ai retiré le corps étranger en émettant des petits sons de souris.

Une fois l'alerte passée, elle m'a dit :

– En tout cas, tu me fais bien rire.

Je n'ai pas aimé son « en tout cas », qu'est-ce qu'elle a voulu me dire ? Que je pouvais en tout cas devenir son ami le clown, ou que j'avais en tout cas quelques chances de sortir avec elle parce que je la faisais rire ?

18 novembre

Mon père et ma belle-mère sont au cinéma.

Christian Martini compose un nouveau morceau dans la chambre de ma sœur : *Mon cœur est en fusion, ma planète à l'abandon !* Je crois surtout qu'ils font autre chose.

19 novembre

Mme Danielle nous a dit que, maintenant qu'on se connaissait, il était temps qu'on se présente ! Il fallait qu'on puise en nous-même et qu'on raconte pourquoi on était venus à son cours.

Aldo a parlé le premier. Il était là pour faire partie de la bande de Brad Pitt, Matt Damon et George Clooney.

Isabelle, pour devenir Isabelle Adjani ou Isabelle Huppert, en plus jeune.

Julie s'est effondrée en racontant que sa mère l'avait inscrite de force (c'était ça ou la natation synchronisée). Quand ce fut le tour de Lisa, j'ai espéré qu'elle dise qu'elle était venue pour me rencontrer. Ce qui est complètement débile vu que 1) c'est impossible ; 2) si quelqu'un a suivi quelqu'un, c'est plutôt moi et encore sans le faire exprès. Elle a dit :

– Je viens là pour me perfectionner, comme ça, je suis sûre d'avoir des points en plus au bac, vu que c'est une option, voilà.

Moi, j'ai raconté que je m'étais inscrit pour m'amuser et faire la poule. Ce qui est faux et archifaux, mais ce qui pourrait peut-être plaire à Lisa.

21 novembre

Mon père est assis dans la cuisine et il ne peut plus rien faire. Ni la cuisine, ni la vaisselle, ni tourner le tabouret sur lequel il se trouve. Il a une « crise d'angoisse ». Il me prend comme confident. Je déteste quand il fait ça.

– Tu sais, parfois, un père peut avoir peur. Tu vois, quand on s'est séparés avec ta mère, qui était donc, alors, ma femme, on a beaucoup réfléchi. Si c'était bien pour toi, pour nous, pour vous, quoi (Patrick Bruel ?). On s'est dit que le mieux, c'était d'être heureux, parce que ça, personne ne pourrait nous l'enlever (Florent Pagny ?). Parce que tu vois, dans la vie, en fait, tu marches seul (J.-J. Goldman ?). J'espère juste que vous aussi serez heureux, toi, ta sœur et le petit dernier (la famille Adams ?).

J'ai pensé : « On ne choisit pas sa famille » (Maxime Le Forestier).

22 novembre

David Pujadas appelle à la maison.

– Salut.

– Salut.

– Qu'est-ce que tu veux ?

– Te demander un truc : qu'est-ce que tu penses de Nathalie Sicard ?

– Pourquoi ?

– Tu crois qu'elle pourrait sortir avec quelqu'un comme moi ?

– Elle sort bien avec Tran N'Guyen...

– Tu veux dire qu'elle pourrait sortir avec nous deux ?

– Non, je veux juste dire que t'es un être humain, toi aussi, et que... Elle sait que tu l'aimes bien, au moins ?

– Je ne crois pas.

– Alors, pour commencer, il faut que tu lui montres.

– Ça ne va pas la tête !

– Écoute, quand t'avais trois ans et que tu voulais un ballon, tu pointais du doigt et tu disais un truc comme « donne » ou « je veux », n'est-ce pas ?

– Sûrement.

– Ben là, c'est pareil.

– Mais Nathalie, c'est pas un ballon.

– Oui, et toi t'as plus trois ans, non plus.

– Et alors ?

– Ben, j'sais pas.

Heureusement qu'il n'y a pas d'évaluations sentimentales à l'école. Pujadas et moi serions encore au CP.

25 novembre

Après le mec cool, j'ai voulu jouer au dur. Elle a sorti une pomme de son sac et m'a demandé :

– T'en veux ? J'aime pas trop cette variété.

J'ai dit :

– Tu me prends pour ta poubelle ?

– Pas du tout, pourquoi tu dis ça ?

– Écoute, c'est la deuxième fois que tu me proposes un fruit. Alors soit tu trouves que je manque de vitamines, ce qui est une manière tordue de me dire que j'ai mauvaise mine, soit tu ne sais pas quoi faire de tes déchets et, dans ce cas, je te signale qu'il y a des poubelles prévues à cet effet.

– Mais qu'est-ce qu'il a ? Il est con, ce type !

Elle est partie. Et elle a raison, je suis trop con.

26 novembre

Mon bulletin trimestriel :

Cédric : 0,5/20 (pour m'avoir prêté sa gomme).

Ma belle-mère : 1/20 (pour sa participation dans la cuisine).

Lisa : 19/20 (elle aura 20 quand elle sortira avec moi).

27 novembre

Mon vrai bulletin :

– Ça veut dire quoi ? Alors, comme ça, mon fils est « timide et rêveur » et pourquoi pas « poète et pédé » ?! Non, je plaisante, Paul. C'est pas mal, d'ailleurs, c'est marqué là : « Pas mal. » Et puis j'aime beaucoup ta moyenne en gym : 16, c'est bien... C'est bien mieux que 15. Au fait, t'as vu le bulletin de Cédric ?

29 novembre
Distant mais classe, j'ai croisé les bras et je me suis mis dans un coin. Je devais avoir l'air d'un expert du *Guide Michelin,* spécialiste en décontraction. Je ne voulais pas danser. En fait, je n'aime pas gesticuler dans tous les sens, je ne sais pas comment faire. J'ai l'impression d'être ridicule.

Elle s'est avancée vers moi alors que j'étais planqué sur la banquette de Kim, un garçon de ma classe qui adore fêter tout et n'importe quoi. Il avait organisé une petite « sauterie » pour célébrer la fin du trimestre. Toute la classe avait été invitée, même David Pujadas. Je suis arrivé à 11 heures, accompagné d'une bouteille de Sidi Brahim. Je me suis collé à la banquette et je n'ai plus bougé jusqu'à ce qu'elle vienne me chercher. Elle s'est avancée sur la pointe des pieds et elle m'a dit :

– Tu ne danses pas ?

J'ai levé les mains au ciel comme pour montrer que j'étais sourd-muet et que je ne l'entendais pas.

– Je peux m'asseoir ?

Toujours à l'aide de mes mains, je lui ai indiqué la place libre à côté de moi.

– Y a du monde, hein ?

Avec mon menton, j'ai fait « le poussin qui

picore », une variante pour dire : « Oui, c'est vrai, c'est vrai ! »

– T'as pas chaud ?

J'ai gonflé les joues pour signifier : « Bien sûr, c'est l'enfer. »

– Tu sais lire les lignes de la main ?

J'ai roulé les yeux vers le plafond parce que je ne sais pas.

– Donne, moi, je sais.

Je lui ai donné la gauche, parce que la droite tenait un verre en plastique.

Elle s'est penchée dessus comme s'il s'agissait de la plus belle chose au monde. Elle a dit : « Oh ! », puis : « Ah ! », puis : « Ça, alors ! » Du regard, elle a parcouru chaque petite ligne et ensuite, elle a dit : « C'est bizarre mais là, je ne vois plus trop, je peux me rapprocher ? »

J'ai haussé les épaules, je n'avais rien contre. Elle m'a pris la main pour ne plus me la rendre. Je sentais ses doigts fins et frais dans ma paume. Elle a dit :

– Je vois le début de quelque chose.

Elle s'est penchée vers moi, la bouche légèrement ouverte. J'ai regardé mon verre. Il était vide. J'ai fermé les yeux et je me suis laissé embrasser par Nathalie Sicard.

DÉCEMBRE

1er décembre

Appelez-moi Judas.

2 décembre

SVT. David Pujadas me demande si j'ai vu Nathalie Sicard au cours de la soirée, je lui réponds : « Moi ? Non, pourquoi ? » « Moi ? » comme : « Ça ne va pas la tête, tu m'as bien regardé ? » « Non » comme : « Ah non, bébé ! Ne mets pas les doigts dans la prise ! » « Pourquoi ? » comme : « T'as pas une question encore plus bête ? »

Pujadas a replongé la tête dans son cahier et moi dans mes pensées.

3 décembre

Le type qui était au McDo' avec Lisa est venu la chercher à la sortie. Je ne le sens pas du tout, celui-là.

5 décembre

Pujadas continue de me considérer comme son meilleur ami. Nathalie me regarde pendant qu'elle embrasse son copain.

Lisa m'ignore.

J'ai besoin de vacances.

7 décembre

Ma mère m'appelle d'Irlande. Elle est bloquée sur une petite route de campagne avec ses tubes en plastique qui ne sont pas assez « souples et auxquels il manque trois millimètres d'épaisseur ». J'espère que je ne ferai jamais le même métier qu'elle.

– Alors, mon trésor, toujours avec ta Lisa ?

– Qui t'a dit qu'on était ensemble ?

– Toi, à demi-mot, bien sûr, mon fils est discret. Ne t'inquiète pas, je ne dirai rien à ta sœur.

– J'aimerais mieux, oui.

– Tu n'aurais pas une photo d'elle à m'envoyer ?

– Écoute, maman, je comprends que tu t'ennuies avec tes tubes en plastoc, mais…

– Très bien, alors embrasse-la de ma part, au moins.

Le jour où ma mère va apprendre la vérité, elle risque d'être aussi triste qu'un de ses tubes en PVC.

11 décembre

J'ai eu encore 9 en espagnol. Je ne comprends pas cette manie qu'ont certains profs de ne pas mettre 10. Peut-être parce que ça leur fait deux chiffres à écrire à la fois. C'est trop dur.

13 décembre

Mme Danielle nous a demandé de « nous choisir ». J'ai choisi Lisa. J'ai attrapé ses mollets et je les ai secoués dans tous les sens pour les détendre. Mme Danielle appelle cela un « échange de fluides ». Pendant que ses jambes tremblaient, je fixais le plafond pour qu'elle ne remarque pas combien j'étais troublé.

Être détendu, c'est essentiel pour jouer, nous a enseigné Mme Danielle. Pour cacher ses sentiments, ça peut aider aussi, j'ai pensé. À la fin du cours, j'ai voulu prouver à Lisa que je n'étais pas que le petit être de seconde qui rêve de monter sur un escabeau pour l'embrasser. J'ai demandé :

– Tu fais quoi à Noël ?

– Rien, je m'en fous de Noël.

– Ah, OK.

Ça m'apprendra. Ensuite, Mme Danielle nous a dit que nous étions « à l'écoute » et qu'elle pouvait nous annoncer une grande nouvelle.

Bientôt, nous aurions l'honneur de jouer la pièce de son mari : *Il faut être au moins deux pour s'aimer.*

Ça promet.

14 décembre

Le téléphone sonne. Je ne réponds pas, ça doit être ma mère ou, pire, ma mamie.

15 décembre

Christian Martini me demande ce qui ferait plaisir à ma sœur pour Noël. Je lui réponds une poupée qui pète ou un collier en nouilles.

16 décembre

Dans quatre jours, les vacances. Je ne verrai plus Lisa, je ne l'observerai plus derrière ses copines qui forment un paravent comme si elles sentaient la présence d'un extraterrestre gluant (moi). Je ne sais pas pourquoi mais, à part Nathalie Sicard qui me regarde comme si j'étais Brad Pitt et ma mère comme un Télétubbie, je n'ai guère de succès auprès des femmes.

David Pujadas me colle dans la cour. Il essaie de me proposer une soirée pyjama. Je le sème. Je lève la tête. Nathalie Sicard fonce sur moi avec des bottes de nazi (cuir noir jusqu'aux cuisses). Elle me plaque contre un pilier, m'agrippe par les cheveux, me tourne la tête, fourre sa langue dans ma bouche et disparaît. David Pujadas déboule comme s'il m'avait suivi.

– T'as pas vu Nathalie ?

– Non, et toi, t'as pas vu Lisa ?

– Qui ?

– Lisa. Une grande, une terminale…

– Connais pas.

Je n'ai pas eu besoin de lui. Lisa m'a fait signe de la rejoindre. Elle voulait me demander un truc :

– T'as pas cinq euros pour que je m'achète un sandwich ?

– Si, si, bien sûr.

Tant pis pour moi, je ne mangerai pas à midi.

17 décembre

Encore lui ! Il est venu la chercher. Je parie que ce type est à la fac et habite dans un studio. Je vais lui faire comprendre qu'ici, les vieux schnocks, on n'en veut pas. Une main me retient. Nathalie Sicard me dit :

– Demain aux toilettes, à dix heures ?

– Quoi ?

– Je suis en train de te donner rendez-vous, là, je te signale.

– N'importe quoi.

– Tu viendras.

– Mais non.

– Mais si.

– Écoute, Nathalie, on ne va pas en discuter…

– Je m'en fous, je ne t'écoute pas !

– Arrête, t'es ridicule.

– Quoi ? Qu'est-ce que tu dis ? Désolée, je n'entends plus rien.

J'ai regardé Nathalie partir avec les doigts dans les oreilles comme une fillette de deux ans. J'ai repensé au baiser qu'elle m'avait donné la première fois. Il m'avait fait du bien. Il était chaud, doux et aromatisé au Coca. Pour une fois, je m'étais dit qu'un garçon n'était pas obligé de faire le premier pas. J'ai tourné la tête, Lisa faisait semblant de ne pas me regarder. Je ne sais pas si elle avait entendu Nathalie faire sa crise, mais je me sentais briller comme un petit soleil. Je n'allais pas me présenter à son vieux schnock, il viendrait me voir en temps voulu. Le soleil ne bouge pas. Il attend qu'on tourne autour de lui.

20 décembre

Je sors dans la rue avec Flo. On ne se parle jamais vraiment avec ma sœur, et, quand on essaie, ce n'est pas terrible.

– Au fait, t'as une copine, toi ?

– Moi ? Non, pourquoi ?

21 décembre

Noël avant l'heure. Ma sœur présente Christian à la famille. Il a fait un effort. Il s'est mis deux bracelets de force aux poignets, dont un à clous. Ma belle-mère l'observe avec un mélange de curiosité et de dégoût, mon père feint d'ignorer son pantalon à rayures, pour mieux se concentrer sur ses lacets « tête de mort ». Cédric reste près de la télé, Christian l'impressionne. Il faut dire qu'il met le paquet :

– Tu vois, moi, je pense que ce qu'il y a de plus important au monde c'est 1) la santé ; 2) la famille.

Pour parfaire son numéro de gendre idéal, il a sorti un paquet de cigarettes et lui a dit « droit dans les yeux » :

– Toi, le tabac, je te dis merde !

Ensuite, il a balancé ses clopes et a raté la poubelle.

Les gens sont prêts à faire n'importe quoi pour se faire aimer.

22 décembre

J'ai dix-sept euros pour faire quelques cadeaux. Je traîne dans les rues, je tombe sur Tran N'Guyen devant la vitrine d'un magasin de chaussures.

– Qu'est-ce que tu fais là ?

– J'attends Nathalie, elle est partie s'acheter des bottes.

– Ah bon ?

– Ben oui, c'est important d'être à l'aise dans ses chaussures.

– Je vois.

– Tu ne veux pas l'attendre ?

– Non.

Il est débile, ce type. Je comprends mieux pourquoi Nathalie a besoin d'un amant.

24 décembre

Christian s'incruste pour le réveillon, il a composé une chanson antitabac pour l'occasion.

La société nous enfume, la société nous consume :
Je fume,
Tu fumes,
Nous fûmes !

Déprimant. Ensuite, on s'est donné des cadeaux

vite fait bien fait parce que personne n'avait trop fait d'efforts cette année.

J'ai eu un truc pour éplucher les patates et une BD sur un coureur automobile belge.

25 décembre

Lisa me manque beaucoup.

27 décembre

J'ai mis ma doudoune qui me fait ressembler à un nain obèse et un bonnet qui pique. Au rayon surgelés du Shopi, j'ai failli m'étrangler en apercevant Lisa.

– Ce n'est pas ce que tu crois.

– Pardon ?

– Je dois l'apporter au pressing, mais je t'assure que ce n'est pas la mienne.

– Mais de quoi tu parles ?

– De ma doudoune, enfin de la doudoune que je porte…

J'ai proposé de lui pousser son Caddie pour occuper mes mains qui n'arrivaient pas à rentrer dans les poches de mon slim. En l'observant, je pensais que chaque ingrédient qu'elle glissait dans son Caddie finirait dans sa bouche. J'ai commencé à avoir très chaud sous mon bonnet. Lisa, elle, restait concentrée sur sa liste de courses. Elle a fini par me demander :

– Tu ne prends rien ?

– Si, bien sûr !

J'ai pris exactement les mêmes choses qu'elle, dans l'espoir qu'elle se dise « Qui mange les mêmes choses s'assemble » ou un truc dans le genre.

Saumon, tarama, foie gras, blinis et citrons se sont empilés dans son Caddie. Devant un pot d'œufs de lump, elle m'a demandé si je faisais un truc pour le 31.

– Oh, je ne sais pas, j'ai pas mal de soirées, en tout cas je ne vais pas le passer en famille, si tu vois ce que je veux dire.

– Pas trop, non. Moi, je suis hypercontente de le passer à la maison… Tiens, tu m'excuses, je vais aller à cette caisse, y a moins de monde.

– Pas de problème, je t'accompagne.

– T'es sûr ? Ils ne prennent pas la carte Bleue.

J'ai dû m'exiler avec mes courses sous le bras. Je n'ai pas osé tout remettre dans les rayons. J'ai payé avec la carte de mon père.

Avant de partir, il m'avait dit : « Achète du PQ et trois boudins d'eau de Javel. » Désolé, je ne pouvais pas le faire devant elle.

29 décembre

Cédric dit toujours tout haut ce que tout le monde pense tout bas : « L'année prochaine, j'espère que tout va bien se passer pour moi, que je vais avoir plein de bonnes notes et que je vais rester avec Madeleine. »

Madeleine ? Qui c'est celle-là ?

31 décembre

Finalement, je vais chez Kim, l'homme qui fête tout et n'importe quoi. Quand il m'a ouvert la porte, j'ai compris que quelque chose n'allait pas.

– On ne t'a pas prévenu ?

– Non. Pourquoi ?

– J'ai annulé, mes parents n'étaient pas exactement d'accord pour qu'on massacre leur appart.

– Je vois.

– Non, mais ce n'est pas grave, tu peux rester, si tu veux.

Je me suis assis à table avec ses parents. La mère de Kim m'a gentiment proposé une soupe à l'oignon avec des croûtons. Ensuite, on a regardé Patrick Sébastien déguisé en Sarkozy qui fêtait la nouvelle année. J'ai sérieusement pensé à repartir chez moi.

Et puis deux autres oubliés ont sonné à leur tour : Tran et Nathalie.

– On a failli ne pas venir parce que dehors, c'est très dangereux, le 31, a dit Tran, et il a ajouté : Oh, c'est sympa, c'est une toute petite fête. Bonjour, Madame Kim, bonjour, Monsieur Kim…

Nathalie a tout de suite compris ce qui se passait. Elle a repéré les recoins de l'appartement où elle pourrait m'entraîner pour m'embrasser. Ce soir, j'allais peut-être me laisser faire en pensant à autre chose.

Et sûrement à Lisa.

JANVIER

1er janvier

– Je t'ai dit que ce n'est pas moi qui te l'ai pris, ton rouge à lèvres !

– Qui c'est alors, si ce n'est pas toi ?

– Je n'en sais rien, peut-être Cédric, ton travelo de fils !

Ma sœur a décidé de déclarer la guerre à ma belle-mère pour bien commencer l'année. Dans ce genre de conflit, mon père n'intervient que pour prendre la défense de belle-maman. Il doit se dire qu'il a plus de chances de finir sa vie avec elle qu'avec nous.

Moi, j'ai cherché un moyen de récupérer le téléphone de Lisa. Je voulais l'appeler pour lui souhaiter la bonne année. Christian devait avoir son portable, puisqu'il est dans sa classe. J'ai demandé à Flo :

– Tu peux me passer le numéro de Christian ?

– Pour quoi faire ?

– Je ne peux pas te le dire.

– Alors non.

– Je crois qu'il veut te faire un cadeau…

– OK, je te le file.

J'ai obtenu ce que je voulais mais, au moment de l'appeler, j'ai flanché. Je ne savais pas si je devais lui dire : « Salut, c'est Paul, bonne année ! » ou « Bonne année, salut, c'est Paul ! » ou ne rien dire du tout, écouter son souffle et passer pour un vieux psychopathe des familles.

4 janvier

Petitchat me dit :

– Tu devrais vraiment sortir avec quelqu'un, sinon on va croire que t'es pédé. Moi, je m'en fous, mais c'est pour papa.

Je ne sais pas quoi répondre.

6 janvier

Petitchat encore.

Elle refuse de manger des pizzas surgelées sous prétexte qu'on ne sait pas ce qu'il y a dans la pâte. Encore une victime du sans-gluten. Je me demande si elle ne va pas se laisser pousser la moustache pour ressembler à Noël Mamère.

7 janvier

La rentrée ! Je tourne en rond devant la grille du lycée. Enfin, je l'aperçois : je vais pouvoir lui adresser mes vœux. Un groupuscule de « fumeurs en cachette » vient m'enfumer. Lisa me fait la bise devant tout le monde. Je rougis comme « une vierge effarouchée » (expression de Mme Reno). Je bafouille une phrase convenue :

– C'était bien, ton réveillon ?

– Bof. Tiens, au fait, je te rends tes cinq euros : les bons comptes font les bons amis.

– Non, ce n'est pas la peine... Sauf si les petits comptes font les petits amis...

– Pardon ?

– Excuse-moi, j'essayais juste...

– Écoute, Paul, je vais être franche avec toi, je suis en terminale et tu es en seconde, OK ?

– Et ?

– C'est tout, il n'y a rien d'autre à ajouter.

8 janvier

Alors, c'est donc ce que pense la plus belle fille du lycée ? Mais elle n'a rien à faire en terminale, elle devrait être en CAP shampouineuse option politesse, la conne !

9 janvier
Ma belle-mère a grossi. Sûrement le régime : bébé + gruyère + béchamel.

11 janvier
Mes résolutions de l'année : 1) oublier Lisa ; 2) oublier Lisa.

12 janvier
Oublier qui ?

13 janvier
Mme Danielle s'est fait tirer la peau. Ça lui va bien. Elle ne fait pas plus jeune mais plus caoutchouteuse, un peu comme l'homme élastique. Avant de nous lire la pièce de son mari, elle nous explique qu'il faut apprendre à danser, car « le théâtre est une danse de la vie ».

Je ne peux pas oublier Lisa. Elle se recoiffe juste devant moi. Je me sens comme un cheveu sur la soupe. Je suis en seconde, elle est en terminale, ça s'arrête là, elle me l'a assez répété. Quand elle sera toute fripée dans sa maison de retraite, j'irai faire mon jogging sous ses fenêtres pour qu'elle regrette de ne pas avoir profité de ma jeunesse. Je décide d'avancer masqué. De toute manière, je n'ai plus rien à perdre.

– Et ton frère, ça va ?

– Quel frère ?

– Ben, le type qui vient toujours te chercher, c'est bien ton frère, non ?

– Fred ? Ça va pas la tête !

– Ah bon, c'est qui ce Fred, alors ?

– Ça ne te regarde pas.

– Ah, dommage, je faisais une étude sur la vie sexuelle des terminales.

Mme Danielle a dû nous entendre puisqu'elle a dit : « Ça, c'est un moment de théâtre ! Vous deux, vous allez lire la pièce de mon Jacques. » Son Jacques était son mari, enfin ex, mais ça ne comptait pas. Ce qui importait, c'était son œuvre : *Il faut être au moins deux pour s'aimer.* Mme Danielle nous a apporté des photocopies comme s'il s'agissait d'un vieux parchemin mérovingien. Avec Lisa, nous avons lu les rôles de Fredon et de Fredonne. Librement inspirés du *Seigneur des anneaux* et de *Harry Potter* à la fois, pour faire jeune. Fredonne était une bergère aux oreilles pointues qui aimait un chevalier unijambiste doté de pouvoirs magiques.

Devant les autres élèves, nous avons lu, sans mettre le ton, comme nous l'a demandé Mme Danielle.

Fredon s'agenouille avec difficulté devant Fredonne (il n'a qu'une jambe pour l'instant), elle lui tend un verre de lait.

– Bois, mon cher Fredon.

– Merci, tendre Fredonne.

– Grâce à ce liquide, nous nous aimerons à jamais et peut-être retrouveras-tu l'usage de tes membres inférieurs…

Mme Danielle nous avait demandé de lire la pièce dans le désordre pour ne pas « gâcher » l'histoire et « garder notre fraîcheur ».

Sur scène, la tension était palpable. Moi, je pensais aux spectacles de Flo, quand elle était petite. Ça sonnait un peu pareil. Alors je me suis mis à rire et Lisa m'a imité. Puis tous les autres ont suivi. Mme Danielle ne nous a pas engueulés, au contraire :

– C'est bien de rire de l'amour, c'est sain. Vous êtes jeunes et pudiques, vous serez Fredonne et Fredon, je suis sûre que mon Jacques vous aimera.

J'ai regardé Lisa et nous avons à nouveau éclaté de rire.

En sortant du cours, j'ai un peu moins ri : Lisa est allée rejoindre Fred.

24 janvier

Finalement, j'envisage de me perfectionner en gratin, d'épouser Nathalie Sicard, d'adopter David Pujadas et de m'installer à Saint-Étienne.

25 janvier

Je googlise mon rival, c'est très dur parce que je ne connais pas son nom de famille et que des Fred, il y en a cent vingt et un millions sur le Net. Je trouve un Fred amateur de gros seins, de poteries et de fromages de chèvre. Un autre vendeur de fax et ancien champion de Rubik's Cube. Son Fred n'est référencé nulle part. C'EST UN MINABLE.

27 janvier

Ma mère m'appelle de Marseille.

– Ça va, mon Polo ?

Je réponds à côté. Je lui parle des bottines de ma prof d'espagnol, de quelques mecs de ma classe et d'un échafaudage au lycée. Je lui donne juste ce qu'il faut pour qu'elle s'inquiète pour moi et qu'elle ne me parle pas de Lisa.

28 janvier

J'ai eu 2 en maths, c'est mieux que 1. Au moins, je sais compter. C'est déjà ça.

31 janvier

Distant et classe, je termine le mois en regardant *Rox et Rouky*.

FÉVRIER

2 février

Lisa accepte d'aller boire un pot après le cours de théâtre. Je ne sais pas comment tourner ça, alors je lui demande :

– Et ton copain, ça va ?

– Ben ouais, pourquoi ?

– Non, comme ça, je pensais à lui... Tu ne trouves pas qu'il ressemble un peu à Roch Voisine ?

J'ai honte, mais je n'ai pas trouvé mieux. Ça m'est venu comme ça. En plus, je ne suis pas sûr qu'elle sache qui c'est (un chanteur à la mode des années 80 qui ressemble à un Playmobil). Elle m'a répondu :

– Je ne sais pas, non. C'est marrant que tu me parles de lui, en tout cas.

– Ah bon, pourquoi ?

– Ben, comme technique de drague, ce n'est pas terrible. Si tu veux un conseil, pour me séduire, parle-moi plutôt de ta seconde. On ne sait jamais, ça peut me toucher, si d'un coup je deviens nostalgique.

4 février
Nathalie Sicard me fait du chantage. Soit elle continue à disposer de mes lèvres chaudes quand elle veut, soit elle balance tout à son copain et à David Pujadas (elle a dû piger qu'il était dingue d'elle). C'est ignoble mais, après tout, ses baisers sont doux comme des bonbons.

5 février
Je suis heureux. J'ai une belle-mère insupportable sur laquelle je peux débiter les pires horreurs (génial), une sœur très sympa qui m'a tyrannisé quand j'étais petit mais maintenant c'est fini (génial), un père qui aime le sport (génial), un garçon qui vit dans ma chambre et qui parle tout seul (génial), une mère absente qui me fiche la paix (génial), un copain qui ressemble à un présentateur télé (génial), de très beaux cheveux (génial), un ordinateur avec un clavier Qwerty (génial) et surtout j'ai l'espoir, Lisa, de te serrer un jour dans mes bras.

7 février
Je vais voir mon père dans la cuisine pour me changer les idées. Il me dit :

– T'as vu que Cédric s'est dégotté une petite ?

Enfin, je ne devrais peut-être pas te le dire. C'est très secret, ces choses-là.

Petitchat a raison, il doit penser que je suis pédé.

11 février

Je me lance, ma belle-mère m'a donné deux invites pour aller voir une expo temporaire sur l'art byzantin.

– Ça te dirait ?

– Bof.

– C'est gratuit, tu sais.

– Oui, merci, je sais ce que c'est qu'une invitation. Mais tu vois, piétiner des heures dans un musée avec toi, ça me dit moyen. En plus, je ne peux pas, je vais à la piscine.

– Ah ouais ? La piscine, super ! Le chlore, les miasmes, les mycoses, j'adore !

– Tu fais ton malin ?

– Non, non, j'aime vraiment bien.

– Ah bon ? Alors viens si tu veux.

12 février

Cédric pense tout haut que, s'il avait une moustache, il se la raserait.

La barbe.

13 février

Veille de la Saint-Valentin. Pour la première fois de ma vie, je ne sais pas comment m'habiller « dessous ». Je regarde sur Internet s'il n'y a pas une piscine qui accepte les vieux caleçons de bain. Peine perdue. Je cours acheter un bonnet de mamie et un slip en Lycra. Je pense que le ridicule ne tue pas. Je le pense, mais ne le crois pas. J'arrive en avance. Je me recoiffe, on ne sait jamais.

Elles arrivent, parce qu'elles sont deux.

Quel débile ! Comment j'ai pu croire qu'elle allait venir seule ? Elle me présente sa copine Daphné, Daph, pour les intimes. C'est sa copine d'enfance, sa copine de piscine.

– Moi aussi, j'ai failli venir avec un pote de maternelle, mais il n'était pas libre.

Elles passent en me snobant à la caisse avec leurs cartes d'abonnement. D'un coup, j'ai très envie de me faire porter pâle : « Mince, j'ai oublié mon slip. »

Mais je sais qu'il est trop tard. Je suis condamné au chlore. Elles se dirigent vers les vestiaires de filles, je les accompagne par politesse. Lisa me dit :

– Tu vas où, là ?

– Oh, pardon, je croyais que les mecs, c'était par là aussi.

Elle me désigne un pictogramme représentant un nageur musclé.

Un petit bain de pieds plus tard et mon bonnet de mamie sur la tête, je sors des vestiaires. Je cherche Lisa. Je plaque mes mains sur les hanches. Je jette des regards professionnels au maître nageur. J'entends une voix sourde :

– Hou, hou, on est là !

Lisa ma sirène m'appelle.

Je me jette à l'eau. Distant mais classe, je plonge. Mon pote le maître nageur me siffle :

– Oh, le petit, tu ne sais pas lire ?!

Je déchiffre, les yeux pleins de chlore : « Hauteur 1,50 m, interdit de plonger ».

Je me planque sous l'eau en retenant ma respiration. Je me fais oublier un moment. Le temps d'ouvrir mes yeux rougis, Lisa et sa copine sont parties faire des longueurs. Je ne peux pas les suivre, elles vont trop vite. Je simule un point de côté. Je me mets sur le bord. J'ai froid. La chair de poule me guette. Il faut que je fasse quelque chose. Je hurle :

– Attention, bombe !

Je n'aurais pas dû :

– Non, mais quel con ! Il a trois ans, ton pote, ou quoi ?!

J'ai sauté sur Daphné. Le maître nageur a hurlé :

– Toi, le petit, maintenant, tu sors de l'eau !

Je me suis retourné comme s'il s'adressait à quelqu'un d'autre. J'ai simulé une luxation de l'épaule et je suis allé me changer en prenant mon temps. Dehors, Daphné m'a demandé si je m'étais bien amusé avec mes bombes à eau. Lisa m'a fait comprendre que, vu les circonstances, je ne pouvais pas les accompagner boire un chocolat chaud.

14 février

Saint-Valentin : mon père a invité Christian Martini et Madeleine, « ma petite copine », a dit Cédric, qui pense toujours tout haut. Moi, je pense tout bas que mon père les a invités pour m'humilier. Ma belle-mère, que je n'arrive toujours pas à appeler par son prénom, notamment parce qu'elle s'appelle Aline et que c'est un peu comme Alain, en plus moche, a préparé un gratin aux pétales de rose. Depuis qu'elle est enceinte, elle tente des expériences.

Je me sens exclu. Mon père discute avec Christian et Cédric dans le salon. Je ne sais pas de quoi ils parlent, mais, vu les tapes dans le dos et les airs pénétrés, sûrement de foot ou de rugby. Flo aide ma belle-mère en cuisine. Moi, je déambule dans l'appart. Je comprends l'expression de Mme Danielle : « être en carafe ». Je me sens comme une cruche.

Enfin je trouve une activité : mettre la table. Je suis hypercontent d'occuper mes mains. Je m'agite comme si j'étais serveur dans une brasserie. Je suis peut-être seul, mais occupé. Le téléphone sonne, super ! Je peux aussi faire le standardiste !

– Oui, j'écoute ?

– C'est moi.

– Qui demandez-vous, Mademoiselle ?

– Arrête, c'est moi, Nathalie.

– Ah, pardon, ça va ?

– Non et ne m'interromps pas. Tu sais quel jour on est, au moins ?

– C'est pas la Saint-Gnangnan ?

– Très drôle. Tu sais quoi, je vais plaquer Tran ce soir. Je vais le plaquer pour toi.

– Arrête, t'es ridicule. On dirait la folledingue du film avec Michael Douglas, *Harcèlement*.

– Je m'en fous, je veux qu'on se voie !

– Oui, bah, on va se revoir à la rentrée. Pour l'instant, c'est les vacances. Écoute, je te laisse, y a des gens autour de moi.

– Je vais tout dire à Tran et à ton pote Karim.

– Karim ?

– Ben oui, le mec qui ressemble à David Pujadas.

– Fais ce que tu veux. Bon, je raccroche, je dois vraiment y aller.

Je me suis assis à côté de Madeleine, qui chausse du 40 (merci, Cédric, pour l'info). Christian a dit :

– Aline, votre gratin est supersucculent !

– Succulus ! a ajouté mon père.

Flo a coincé sa tête sur l'épaule de son chanteur de rock pour montrer qu'elle approuvait. Au moment du dessert, Cédric a sorti une chaînette avec un cœur et l'a posée dans l'assiette de Madeleine.

– Mais il est con, ce mec ! Elle est sale, son assiette ! a dit Christian.

Mon père s'est félicité intérieurement que son beau-fils ne soit pas pédé. Il m'a regardé avec une pointe d'ironie et de méchanceté.

Merci, papa.

15 février

Je passe devant Lisa en l'ignorant subtilement. Elle fait un brin de causette avec Roch Voisine. Je la traverse du regard comme si elle était Casper le gentil fantôme. Elle m'arrête.

– Oh, pardon, je ne t'avais pas vue. Ça va ?

Je détaille l'autre de plus près. Il ressemble à

Roch, en plus moche. Je lui serre la main en essayant de lui faire mal. Je m'éloigne et je crois entendre sa voix de canard : « Je ne me rappelais plus qu'ils étaient si petits, les secondes » et elle lui répondre : « Lui, c'est un petit modèle. »

J'ai dû mal entendre.

16 février

Cédric insiste pour regarder *Miss Marple* sur le câble (l'arrière-arrière-grand-mère de Columbo).

17 février

Lisa et Fred. Je les ai suivis. Ils sont allés au Jean-Bart, un des rares cafés qui acceptent les lycéens fauchés. Ils se sont installés près des toilettes. Je me suis glissé au comptoir. J'ai commandé un demi, mais le serveur m'a dit :

– Toi, t'as pas 16 ans.

J'ai levé les yeux au ciel pour signifier : « N'importe quoi, j'ai au moins 17 ans, mais laisse tomber, je vais prendre un café. »

Je pouvais vaguement entendre leur conversation. Lui était dans une prépa pour vendre des cuisines ou un truc comme ça. Ce qui me faisait le plus mal, c'est qu'elle buvait ses paroles.

– Parce que tu comprends, dans le Nord, vu qu'il fait froid, ils font vachement la cuisine.

– Ah bon ?

– Ben ouais, c'est dingue, non ?

– Ouais, t'as raison.

J'ai avalé mon café et j'ai demandé très fort : « C'est combien ? » pour qu'elle me remarque. Ça a marché, j'ai entendu :

– Tiens, là-bas, c'est pas ton pote de seconde ?

– Ah oui, c'est Paul.

Je suis passé devant eux, les mains dans les poches. Son copain m'a arrêté :

– Alors, il paraît que tu fais des bombes à la piscine ? Ça t'amuse de sauter sur la tête des gens ?

– N'importe quoi, je l'ai à peine frôlée.

Lisa avait l'air un peu gêné. Elle m'a demandé :

– Tu fais quoi, samedi prochain ?

– Euh, je ne sais pas, je crois que j'ai deux, trois trucs, pourquoi ?

– Parce que, si tu veux faire un truc, tu peux venir dîner chez moi.

J'ai dit que j'allais réfléchir. Distant et classe.

19 février

Intercours. Je rejoins le cercle des adorateurs de

Satan. Ils me parlent de figurines, de trolls et de bagues tête de mort.

J'adore.

21 février

Anniv' de ma belle-mère. RAS.

Flo a trouvé une accroche pour le concert de son chéri : « Les Œufs Deep, viens sans complexe. »

J'approuve.

23 février

Ma mère appelle de Reykjavik.

– Alors, mon chéri ?

– Alors quoi ?

– Tu n'as rien à me dire ?

– Euh, si. J'ai eu 7 en histoire et 12 en géo.

– Je croyais qu'on se parlait vraiment, nous deux.

– OK, alors, on est allés à la piscine l'autre jour et puis je dois aller dîner chez elle samedi.

– Je suis contente pour toi.

– C'est bon, je peux raccrocher ?

26 février

Les terminales ne font pas des fêtes ou des soirées, ils font des « dîners ». En tout cas, dans notre lycée, c'est comme ça que ça se passe. J'ai cassé toutes mes économies pour acheter du champagne. Mon père m'a dit :

– Tu vas chez une fille ? Apporte des fleurs !

Quelle plaie ! J'ai réajusté mes vêtements devant l'immeuble de Lisa et j'ai reconnu la voix de Daphné :

– Alors, Human Bomb, on vient dîner chez les grands ?

J'ai serré les dents. Distant et classe, je l'ai laissée passer devant moi. Je n'ai pas dit un mot dans l'ascenseur.

J'ai gardé mon manteau. Je voulais qu'ils voient que je n'étais pas sûr de rester. Un gars a failli tout faire foirer :

– Tu sais, on ne va pas te le piquer.

Je l'ai fixé avant de répliquer :

– Je sais, mais tu ne peux pas comprendre.

Je crois que je lui ai fait peur. Lisa m'a remercié pour la bouteille :

– Vous voyez, vous autres, lui, il sait vivre !

J'avais le sentiment d'être un gentil garçon qui apporte un cadeau à un goûter d'anniversaire. Alors j'ai dit :

– La bouteille, je l'ai piquée à mon père.

Nous sommes passés à table. J'étais tout seul, cerné par des couples. Personne ne me parlait, à part un type qui me demandait de temps en temps de lui passer le pain et le sel. Je n'ai compris qu'au dessert pourquoi j'avais été invité. Ils se sont tous mis à me poser des questions sur ma seconde.

– Et tu travailles bien ?

– T'as des bonnes notes ?

– C'est qui tes profs ? Il paraît que t'as Reno en prof principale...

– Tu lances des boulettes avec ton Bic ?

Et puis une fille a dit à Lisa :

– C'est vrai qu'il est mignon, il pourrait devenir notre mascotte !

Lisa a rougi. Moi, je connaissais ce plan par cœur. Ma sœur et ses copines m'avaient fait le même dix ans plus tôt. À l'époque, elles m'appelaient leur poupée et me tiraient les cheveux pour les coiffer. Je n'avais pas envie de revivre la même expérience. J'ai regardé ma montre et j'ai dit :

– Oh merde, faut que j'y aille.

– Qu'est-ce qu'il a, Cendrillon ? Il n'a pas la permission de minuit ? a demandé Fred.

– Non, ce n'est pas ça, vous ne pouvez pas comprendre.

– Tu dois aller te coucher, sinon tu ne vas pas avoir tes huit heures de sommeil ? a demandé Daphné.

– Bon, écoutez, si vous vous voulez vraiment savoir, je dois y aller parce que mon père va encore rentrer bourré ce soir et il va encore essayer de frapper ma belle-mère qui est enceinte. Ensuite, je vais devoir m'occuper de ma sœur qui fait TS sur TS en ce moment… Eh oui, ensuite j'irai me coucher, très fatigué. Si mon faux demi-frère ne ronfle pas, je pourrai éventuellement passer une bonne nuit.

– TS ? a demandé un type à lunettes.

– Tentative de suicide. Je vous souhaite une bonne fin de repas.

Je me suis levé. Je suis sûr qu'au moins deux ou trois m'ont cru. En tout cas, ça leur donnait de quoi parler « entre grands ». J'ai lancé à Lisa un regard de « mâle blessé » très à la mode.

28 février

Je me demande combien de personnes ont déjà couché dans ma classe. Si je retire tous ceux qui continuent à venir en jogging et toutes celles qui planquent des affiches de poneys dans leur chambre, il ne doit pas rester grand monde. Est-ce que Nathalie Sicard a déjà couché ? Je ne crois pas, je l'aurais su, enfin senti, je pense.

MARS

2 mars

Espagnol : *« Hablo muy bien español. »*

Maths : ab + 3 x = ? ? ?

Français : je parle pendant vingt-cinq minutes de *La peste* de Camus. Mme Reno me met un 8 : la peste, c'est elle.

Chimie : j'évite les œillades de Nathalie Sicard. Elle n'en a pas marre, celle-là ?

Anglais : je décide de redoubler. Je formule une phrase en allemand : *« Ich bin eine kleine Wurst. »* (« Je suis une petite saucisse. »)

Lisa : RAS.

3 mars

Mon bulletin du trimestre : « Timide et discret » se transforme en « Fainéant et ailleurs ». Je progresse.

5 mars

Ma belle-mère nous prépare un gratin à l'huile de

ricin. Elle perd complètement la boule, mais je la préfère comme ça.

6 mars
Cours de Mme Danielle. Le chœur chante :

Qui es-tu, Fredon ?
Où vas-tu, Fredonne ?

– Je vais chercher du lait pour guérir Fredon, répond Lisa.

– Et moi, je reste ici à t'attendre, Fredonne !

Mme Danielle n'a pas eu l'air du tout convaincue par notre prestation. Elle nous a dit que notre langue devait « épouser le langage de notre corps ». En d'autres termes, Mme Danielle m'invitait à me rapprocher de Lisa et à me coller à elle. Quant au chœur joué par tous les autres, il ne devait faire qu'un.

Je comprenais mieux ce que voulait dire Mme Danielle par : « Il faut jouer avec son corps. » Lisa était molle : c'était elle qui s'était collée à moi, comme un vieux chewing-gum à une basket.

– Bien, et maintenant, reprenez, nous a ordonné Mme Danielle.

– Et moi, je resterai là à t'attendre, Fredonne, dussé-je mourir trois fois !

– C'est mieux, Paul, ça vient, m'a dit Mme Danielle.

Tu m'étonnes que ça vient ! J'étais tellement dans mon rôle que, pour une fois, Lisa m'a regardé comme si je ne lisais plus *Le journal de Mickey* depuis longtemps.

8 mars

Petitchat veut écrire sur le mur de sa chambre : « La société est une salope. » Mon père refuse catégoriquement. Quand on joue les rebelles, on ne demande pas la permission.

9 mars

Cédric est heureux. Il regarde un épisode inédit de *Miss Marple*. Celui où elle déguste une tasse de thé en mangeant un cookie.

11 mars

Chevanovian me parle dans la cour. C'est un tout petit bonhomme avec un cartable sur le dos. Il est dans ma classe. Il me demande pourquoi je ne viens jamais « jouer » avec sa bande (trois gars avec des chemises fermées jusqu'au col et des pulls Jacquard). Je suis partagé entre l'envie de lui dire : « Dégage, petit gars » et le désir d'accepter son offre. Après tout, entre lui qui rêve d'être toujours en sixième et moi, déjà en terminale, je me demande qui a raison.

13 mars

Je l'appelle :

– Qu'est-ce que tu veux ?

– Moi ? Rien, pourquoi ?

– Je peux te parler plus tard, alors ? Je bosse sur un truc.

D'un coup, j'ai une vision horrible. Et si son « truc » était son journal intime ?

« Premier jour :

Je fais la connaissance d'une "poule", il est en seconde 6 et dans mon cours de théâtre.

Deuxième jour :

Je crois que je ne le laisse pas indifférent.

Troisième jour :

Il me fait de la peine, je lui donne une moitié d'orange.

Quatrième jour :

Il essaie de me toucher les cheveux, s'il insiste, je lui en colle une.

Cinquième jour :

Tiens, si j'invitais la poule à la piscine ?

Sixième jour :

À un "dîner" ?

Septième jour :

Hou là là, je regrette ! »

Une heure plus tard, elle m'a rappelé pour me dire qu'elle avait vraiment beaucoup de taf. « Le bac, tu comprends ? »

Tu parles que je comprends, on m'en parle depuis la maternelle.

14 mars

Lisa était postée devant le lycée. Elle attendait son Fred. Elle ne voulait pas me voir ? Très bien. L'homme invisible, c'est moi ! À mesure que je me rapprochais d'elle, je me répétais : « Tu ne la vois pas, surtout, tu ne la regardes pas. » Mais, je n'ai pas pu m'empêcher de la voir embrasser son Playmobil de Fred : « Alors ? C'est comme ça que tu révises ton bac, ma grande ? » J'ai fermé les yeux pour ne plus assister à ce pathétique spectacle. Malheureusement, je n'avais pas vu qu'une autre guettait sa proie. Nathalie Sicard s'est jetée sur moi. J'ai senti ses lèvres : chaudes, douces et aromatisées au Coca. J'ai essayé de la repousser mais c'était trop tard. J'ai louché pour voir si Lisa me regardait. Furtivement, j'ai observé un petit mouvement de tête comme si elle était prise en faute. J'ai pensé que la situation tournait à mon avantage : je devenais un individu qu'on désire, quelqu'un sur qui on saute à la sortie du bahut. J'avais presque envie d'embrasser Nathalie en retour. J'ai changé d'avis quand j'ai vu les têtes de David Pujadas et de Tran N'Guyen. Ils étaient à cinq mètres de moi et ils se demandaient pourquoi Mlle Sicard me mettait une main aux fesses. J'ai haussé les épaules comme pour leur dire : « Elle cherche un papier dans mon jean. »

18 mars

Je décide de me faire moine et de ne plus penser à la chair, à part celle du poulet.

21 mars

Lisa ?

23 mars

Concert des Œufs Deep. Michaël veut un badge VIP pour aller *« backstage »*. Je pourrais lui échanger contre un nouveau jean, mais je m'en tape. Pourquoi me faire beau ? Je n'y crois plus. Je vais y aller en jogging, je vais mettre mon sous-pull gris qui me donne l'air malade et dans lequel je transpire. Je vais être une tache dans leur monde. Si on me demande pourquoi je suis habillé comme ça, je dirai que j'ai de la fièvre, mais que j'ai tenu à être présent pour régler le son et m'occuper de la « balance ». Je viens en professionnel. Je ne suis pas là pour me montrer, mais pour écouter.

La planète aux Terriens, les déchets aux Martiens. Christian attaque par un classique. Nous sommes cinquante entassés dans une cave. Je repère les issues de secours au cas où l'un de nous ferait un malaise. Je sens que je pourrais sauver des vies s'il le fallait. Pendant que Christian braille « La planète, c'est un danger, fais gaffe où tu mets les pieds », je surveille la foule comme un videur de boîte de nuit. J'essaie de me donner une contenance, de faire quelque chose de mes mains, de mes pieds, de mes bras. Je bats la musique en rythme avec ma tête. Je sais qu'à tout moment elle peut me voir si elle est dans la salle. Ça y est, je la repère. Elle est venue avec lui. Je n'irai pas les voir. Je ne suis pas venu pour tenir la chandelle. Michaël tente de lancer un mouvement de danse collectif. Je veux bien le suivre et même faire « la chenille qui redémarre ». Tout faire pour qu'elle se rende compte que je n'ai pas besoin d'elle. Christian lance :

– Et maintenant, je voudrais que vous fassiez comme si vous aviez un briquet dans la main (c'est interdit à cause des consignes incendie). Cette chanson, je l'ai écrite pour toi, Flo.

Petitchat
Tu es mon antigel, quand il fait froid,
Mon antivol, quand tu t'envoles.
Petitchat, je miaule quand tu t'en vas,
Je ronronne quand tu es là.
Allez, griffe-moi. Viens contre moi.

Roch Voisine a dû apprécier. J'ai vu qu'il fixait Lisa pour lui dire : « Pareil, moi, je pense pareil. »

24 mars

– Non, mais quel connard ! T'as déjà entendu un truc aussi débile, toi ? !

– Bof.

– Ben ouais, bof, t'as raison, bof. Il a le cerveau qu'a fondu, ce type, ouais !

– Mais non, il t'aime, c'est tout.

– Eh, tu ne vas pas t'y mettre aussi. Qu'est-ce que je vais devenir, moi ? Tout le monde va m'appeler Petitchat, maintenant. Je suis sûre que certains vont m'apporter des croquettes au lycée. Et arrête de te marrer ou je t'éclate la tête. Faut que je me sorte de ce merdier, tu m'entends ? !

– Oui.

25 mars

Je reçois une lettre de Nathalie Sicard :

Paul,

Je ne sais pas ce qui s'est passé devant le lycée, mais te voir comme ça, j'avais trop envie de t'embrasser. Souvent, je parle avec Karim, m'entretenir avec lui me fait du bien. J'attends qu'il me délivre tes secrets. Lui parles-tu souvent de nous ? Tu sais, je t'ai remarqué à la seconde où tu es entré dans la classe et j'ai bien vu que je ne t'intéressais pas vraiment. Souvent, je t'observe dans la cour : j'ai vu ton petit jeu avec cette fille, Lisa Tapir. Mais j'imagine que cela t'importe peu. Je suis triste, Paul, triste pour toi. Te voir tourner autour d'elle, sans rien faire… Tu dois l'aimer énormément pour ne pas oser à ce point. J'ai vu en plus qu'elle était déjà avec quelqu'un. D'ailleurs, tu ne trouves pas qu'il ressemble un peu à Roch Voisine ?

Ce que je veux te dire, c'est que cela m'est égal que tu en aimes une autre, nous ne jouons plus au bac à sable avec des pelles et un râteau, je n'ai pas besoin de t'avoir pour moi toute seule.

J'attends maintenant que tu me fasses signe, car je ne peux pas te donner plus.

Nathalie

Je n'ai pas pensé une seconde à répondre à Nathalie.

Lisa,

Je ne sais pas ce qui s'est passé devant le lycée, elle m'a vu comme ça et elle avait trop envie de m'embrasser. Souvent, je parle avec ton ami Christian Martini. M'entretenir avec lui me fait du bien. J'attends qu'il me délivre tes secrets. Lui parles-tu souvent de nous ? Tu sais, je t'ai remarquée à la seconde où tu as passé la porte du couloir. J'ai bien vu que je ne t'intéressais pas vraiment, mais bon. Souvent je t'observe dans la cour : tu es très belle. Mais j'imagine que cela t'importe peu. Je suis en seconde et toi en terminale.

Je voulais te dire que cela m'est égal si tu en aimes

un autre, nous ne jouons plus au bac à sable avec une pelle et un râteau, je n'ai pas besoin de t'avoir pour moi tout seul.

J'attends maintenant que tu me fasses signe, car je ne peux pas te donner plus.

Paul

26 mars

Elle m'a donné rendez-vous sur un banc… Un banc !

– Alors, la fille, c'était qui ?

– Pardon ?

– L'autre jour, la fille devant le lycée ?

– Ah, elle ? Personne. Une fille dans ma classe. Parfois on s'embrasse comme ça, pour se faire du bien… Ça ne t'arrive jamais, toi ?

– Non, moi, quand j'embrasse quelqu'un, c'est que je suis amoureuse.

– Ah ouais, moi, je trouve ça un peu réac. Tu vois, faut en profiter tant qu'on est jeune, si tu vois ce que je veux dire.

– Je vois tout à fait ce que tu veux dire mais je ne souhaite pas en profiter avec toi… si tu vois ce que je veux dire.

– Alors, pourquoi tu m'as donné rendez-vous sur un banc ?

– Parce que je suis curieuse et que je t'aime bien, mais ça s'arrête là. Si tu vois…

– Je vois très bien, y a pas de problème, je ne te demande rien.

J'ai bâillé et je me suis étiré comme un gros chat. J'ai regardé mon portable et j'ai dit :

– Oh, encore ! C'est dingue ce qu'elle peut m'appeler, celle-là.

J'ai déchiré en mille morceaux la lettre que j'avais apportée pour Lisa. Pas de trace écrite, c'est mieux.

28 mars

J'aide Aline à faire son gratin, je m'intéresse à son gros ventre, je lui dis de ne pas trop en faire. Je rends tous les stylos que j'ai piqués à ma sœur et toutes les BD à mon père. J'ai la conscience tranquille. Je suis libre, léger, presque heureux.

29 mars

David Pujadas, qui ne m'a pas adressé la parole depuis l'épisode du baiser devant le lycée, vient me voir. Il a une façon de regarder ses pieds qui me fait croire qu'à tout moment il va se mettre à parler à un pigeon. Tristement, il me dit :

– Je vous ai vus l'autre jour devant le lycée avec Nathalie. Je ne t'en veux pas. J'aurais fait la même chose si j'avais pu.

J'aimerais lui expliquer que je n'y suis pour rien. Que Nathalie m'a sauté dessus et que celle qui m'intéresse est en terminale, mais je n'arrive pas à partager ça avec lui.

À la place, je lui fais mon sourire « C'est la vie ».

AVRIL

1er avril

Jour de blague : Cédric en recherche une sur Rigolo.com.

2 avril

Ma mère appelle de Rouen. Elle tente une nouvelle approche :

– Tu sais, je voulais te dire depuis longtemps, j'ai un nouveau copain. Très cool. Il s'appelle Jean-François.

– Il s'appelle Jean-François et il est très cool ?

– Oui, enfin… Parfois, je l'appelle Jeff.

– OK, qu'est-ce que tu veux me dire, maman ?

– Je ne sais pas, moi. Tu me manques, tes amis me manquent, ta copine me manque.

– Comment ça peut te manquer, tu ne les connais pas.

– Justement. Je vais bientôt venir te voir, toi et ta sœur. On va pouvoir réparer ça.

– Mais il n'y a rien à réparer.

– Je sais ce que je dis. Et puis comme ça, tu me la présenteras, d'accord ?

– Avec plaisir.

Pourquoi, avec elle, je dis souvent le contraire de ce que je pense ?

4 avril

Je regarde mon portable quarante-deux fois dans la journée en lui envoyant des ondes : « Tu vas sonner, bordel ! »

5 avril

Je reçois deux SMS : « Je bosse, signé Lisa » et « Je t'aime, signé maman ». J'aurais préféré que ce soit l'inverse.

7 avril

Flo a ramené à la maison une nouvelle copine qui porte une tétine autour du cou.

9 avril

Nous ne sommes que huit. Les vacances (zone C). C'est suffisant pour *Il faut être au moins deux pour s'aimer.* Mme Danielle a décidé de nous parler de nos personnages. Nous sommes jeunes et beaux, et moi, j'ai une jambe en moins parce qu'un méchant elfe me l'a coupée. Heureusement, si je bois beaucoup de lait, elle repoussera. Mme Danielle nous a signalé que la pièce de son Jacques avait été financée par l'industrie des produits laitiers. CQFD.

On s'est allongés par terre pour dormir comme mari et femme, comme Fredon et Fredonne.

J'ai pensé à tout ce que pouvaient faire un homme et une femme dans un lit et je suis devenu cramoisi.

Lisa était beaucoup plus pragmatique, chaque fois qu'elle bougeait, elle demandait : « C'est comme ça qu'il faut faire ? » ou « Et là, ça compte ? »

Mme Danielle n'était pas là pour nous donner des bons points, mais pour nous encourager à avoir des sentiments l'un envers l'autre.

Merci, Madame Danielle.

11 avril

Cédric est en colère. Ce soir, ils ont remplacé *Miss Marple* par *Arabesque*.

16 avril

Je fais des courses avec mon père. Il insiste pour me traîner dans une galerie marchande :

– Tu vas voir, c'est vachement bien, il y a tout, ici : du slip à l'aspirateur !

Le problème de mon père, c'est qu'il m'engueule encore quand je ne l'écoute pas, comme un petit garçon.

– Oh, tu m'écoutes ! Je te dis qu'on va t'acheter un jogging noir ! Ça affine les jambes.

– Mais je ne suis pas gros.

– Eh bien, tu le seras encore moins !

Je traîne des pieds, je me dis tout ce qu'on pense dans ces moments-là : la vie est injuste, mon père n'est pas mon père, j'irais bien vivre en Alaska sauver des baleines.

– Lisa ?! Qu'est-ce que tu fais là ?

– Je suis avec ma mère, on s'achète un aspirateur.

– Tu vois, je te l'avais dit (mon père).

– Je te présente Jean-Claude, enfin, mon père.

– Bonjour, Mademoiselle. Vous êtes dans la même classe que mon fils ?

– Non, papa, elle est en terminale.

– Ah, vous êtes sa petite amie, alors ? Celle qu'il nous cache depuis le début de l'année ?

– Papa !

– Ben quoi, elle pourrait, elle est jolie.

– Excuse-le, Lisa.

– Pas de problème, il est marrant, ton père. Vous viendrez nous voir jouer ?

– Ah bon ? Parce que vous faites du théâtre ensemble ? Vous ne vous lâchez plus, alors ! (Clin d'œil appuyé.) Bien sûr je viendrai, si mon fils daigne me prévenir. En attendant, vous nous excuserez, Mademoiselle, on a un jogging à essayer.

Et il ajoute à voix basse :

– Noir : pour cacher son gros popotin !

Je comprends mieux pourquoi ma mère l'a quitté. Qu'est-ce qu'il est lourd !

18 avril

Je croise Flo avec sa copine « tétine ». Ou bien ma sœur régresse et elle lui donne la main pour aller attaquer les pigeons au square, ou bien elle est devenue homo, ce qui expliquerait sa fixette sur les pédés.

Ma sœur pédé ? Trop cool !

19 avril

J'appelle Lisa, je lui dis :

– Tu m'excuses une minute, j'ai perdu mon savon.

C'est Pujadas qui m'a appris ce truc. Suggérer qu'on est dans son bain pour que l'autre vous imagine à poil. Je sais que ça marche pour les filles, pour les mecs, c'est moins sûr.

20 avril

Je reçois un message de Lisa: « Demain, ciné 14 heures ? » Bingo ! Génial, le coup du bain...

21 avril

Je ne comprends pas. Elle nous a réunis avec Fred devant un kiosque à journaux. Elle voulait peut-être nous voir pour faire son choix ? J'ai acheté mon billet pour *Le pot d'échappement,* un film d'action et de voitures. J'ai attendu qu'ils s'assoient pour me mettre à côté d'elle. J'ai fait mine de chercher quelqu'un dans la salle, comme si j'avais des amis un peu partout sur terre. Lisa ne faisait pas trop attention à moi, ni à l'autre qui mâchait du pop-corn dans mon oreille. J'ai essayé de placer quelques phrases intelligentes avant que le film commence :

– C'est dément, ce qu'ils arrivent à faire avec la 3D maintenant !

– Ben non, c'est facile avec les microprocesseurs, a répondu l'autre.

Au bout de vingt minutes, la lumière s'est enfin éteinte. Malheureusement, le test comparatif s'est terminé très vite. Ils se sont pris la main. Pendant qu'une voiture percutait un poteau, je me suis demandé si je n'étais pas une sorte de chihuahua qu'elle sortait en ville avec son copain. Distant et classe, je me suis concentré sur les sous-titres avec l'air de vérifier si la traduction était bonne. Et puis, j'ai senti son avant-bras contre le mien. Intérieurement, j'ai remercié l'inventeur de l'accoudoir. J'en voulais à Fred. Pourquoi il était là, celui-là ? Il ne pouvait pas tomber malade ? Une petite gastro bien méchante ? Sur l'écran, un camion s'est renversé dans un fossé, écrasant une famille qui pique-niquait. Lisa a agrippé mon bras. Je ne sais pas si elle l'a fait exprès.

Distant et classe, j'ai fait un sourire énigmatique en clair-obscur, assez proche de celui de la Joconde.

23 avril

– Oh, pardon, je dérange peut-être ?

Flo est allongée sur son lit avec sa copine « tétine ». Elles lisent une aventure de *Martine à la plage* et écoutent un vieux tube de Mylène Farmer. Christian Martini et ses Œufs Deep sont aux oubliettes.

25 avril
Ça devait arriver. Ma belle-mère est en larmes. Elle a raté son gratin.

28 avril
Cédric émet de drôles de gémissements en dormant. Je ne sais pas s'il rêve de Madeleine ou de miss Marple.

MAI

1er mai
Fête du Travail. Évidemment, j'ai une interro de maths à préparer pour demain.

2 mai
Je la foire, je confonds les + et les –, les a et les b, les x et les y. Ma note sera probablement = 2.

J'avoue à Lisa que je suis Gémeaux, ascendant Vierge. Elle me répond que Fred, lui, est Lion, ascendant Taureau. J'ai l'impression qu'elle trouve ça mieux.

6 mai
Mon père essaie de me réveiller alors qu'il n'est pas encore midi. Il me cherche ou quoi ?

8 mai
Mon choix s'est porté sur une petite auberge genre Astérix où l'on mange bien pour pas trop cher. Je

suis arrivé en avance. Je me suis installé à une table de quatre pour être à l'aise. Le serveur m'a demandé :

– Vous attendez vos parents ?

J'ai rougi et je suis allé à une table pour deux. J'avais mis une veste vintage avec mon nouveau slim. Lisa est arrivée en me disant qu'elle ne pouvait pas rester longtemps parce qu'elle voyait Fred après. Je savais ce qu'il me restait à faire :

– Alors, t'as choisi ?

– Je crois que je vais prendre la formule express.

– Non, entre nous deux, t'as choisi ? Parce que, au cinéma, j'ai cru que…

– Mais qu'est-ce que tu racontes ?

– Laisse tomber.

Je me suis coincé une carotte râpée dans le gosier (assiette de crudités dans la formule). J'ai quand même réussi à dire :

– Tu penses que tu vas avoir ton bac ?

– C'est sympa de me demander ça. On dirait ma mère…

Je n'ai pas relevé. J'ai poursuivi mon objectif :

– Tu sais, je trouve que la pièce du mari de Mme Danielle est très belle, les personnages s'aiment vraiment.

– Bof, moi je les trouve très *old school.* J'aurais

pas envie de m'installer avec un cul-de-jatte comme Fredon, alors que je pourrais trouver sûrement mieux ailleurs...

– Mais il guérit, je crois, dans la pièce.

– Mouais, pour moi, c'est qu'un pauvre type. Au fait, t'es toujours avec ta seconde ?

– On n'est pas vraiment ensemble... Elle aimerait bien, mais...

– T'es con, elle est *cute.*

– Quoi ?

– Elle est *pretty*, c'est de l'américain.

– Dis donc, t'es forte en anglais.

– Tu m'étonnes, c'est ma *best* matière, j'ai 14 de moyenne.

Pourquoi je tombe toujours amoureux de filles qui ne sont pas faites pour moi ?

The bowls (les boules).

13 mai

Cours de Mme Danielle. Nous nous échauffons en imaginant que nous ramassons des pommes dans un pré. Je ne peux m'empêcher de demander à Lisa si c'était bien « après ». Elle ne voit même pas de quoi je parle.

– Après le resto, c'était comment ?

– On n'a rien fait. On s'est couchés très tôt.

« On s'est couchés très tôt ! ? » Ça voulait dire qu'elle avait sûrement dormi chez lui et que, s'ils s'étaient couchés, ils avaient sûrement déjà « couché ».

Re les *bowls.*

16 mai

Fin de ma période américaine.

18 mai

Cédric ne comprend pas pourquoi je n'aime pas la physique.

Je ne comprends pas ce type.

21 mai

Ma mère me parle d'une cabine, dans le Vercors.

– Oui, maman ?

– Je viens vous voir bientôt.

– Je sais, tu me l'as dit la dernière fois.

– Oui, mais cette fois, c'est vrai. Alors, dis-moi, ça va bien pour toi ?

– Oui, oui.

– Tu sors un peu ?

– Ouais, je suis allé au resto avec Lisa l'autre jour.

– Ah, génial, et vous avez fait quoi après ?

– Ça ne te regarde pas.

– J'adore !

– Quoi ?

– Non, je veux dire, j'aime beaucoup ce que tu me racontes. Tu sais, avec ton père, on avait peur… enfin, que tu ne sois pas heureux, parce que, à ton âge, parfois, la vie n'est pas simple. Mais, bon, je suis rassurée. Je t'aime, mon chéri. À très vite.

Toutes les mères ne peuvent pas être pareilles. Ce n'est pas possible !

25 mai
Cédric louche sur le magazine télé. *Miss Marple* est en une de la rubrique « Que sont-ils devenus ? ».

27 mai
Dans un mois, Lisa aura son bac, partira à la fac et m'oubliera. À moins…

JUIN

1er juin

« Mon chéri, mon amour, on se voit le 17. »

Ma mère, qui d'autre ?

2 juin

Qu'est-ce qu'ils ont tous à vouloir se confier ? Ils ne peuvent pas tenir un journal comme tout le monde ? Karim m'a demandé de marcher vite pour qu'on ne fasse pas comme « deux mecs qui se font des confidences dans la rue ». Il était très excité, il racontait n'importe quoi et puis, d'un coup, il m'a dit :

– T'avais raison pour l'histoire du ballon.

– Quoi ?

– J'ai craqué, j'ai dit à Nathalie que j'avais envie d'elle.

– T'as fait quoi ?!

– Je suis allé la voir avec un bouquet de roses et je lui ai dit qu'elle me plaisait.

– Mais t'as pas le droit de faire ça ! Faut jamais faire ça !

– Pourquoi ?

– Je ne sais pas, les choses ne fonctionnent pas ainsi.

– Qu'est-ce que t'as ? T'es jaloux ?

– Mais non, pas du tout.

– De toute façon, ne t'inquiète pas, elle m'a dit qu'elle me donnerait bientôt sa réponse. Elle attend une lettre qui ne vient pas. Au fait, Tran te passe le bonjour.

– T'es pote avec lui, maintenant ?

– Pas spécialement, mais depuis qu'il t'a vu embrasser sa copine, il avait besoin de parler à quelqu'un.

Juste après, j'ai écrit : « Nathalie, n'attends pas ma lettre, elle n'arrivera pas. »

4 juin

Pris en flagrant délit de solitude dans la rue : je suis seul et je remarque qu'elle est un peu déçue. Elle ne me le montre pas. Elle m'embrasse comme une mère qui n'a pas vu son fils depuis bientôt un an (bisous baveux sur les deux joues). Elle n'est pas venue seule. Elle me présente Jeff, son mec cool. C'est vrai qu'il a l'air sympa.

– Alors, vous allez dormir où ?

– Ce soir chez ton père, demain à l'hôtel.

– Mais il n'y a pas de place à la maison.

– Et le salon, c'est fait pour les chiens ?

Jeff, le mec cool, me laisse porter sa valise. Ça m'arrange presque, pendant que je porte, je n'ai pas à parler.

Pour rattraper le temps, elle nous pose dix mille questions dans la cuisine, à ma sœur et moi : comment sont nos profs, nos notes, qui sont nos amis, pourquoi ma sœur n'est pas maquillée, comment appelle-t-on mon jean « moule-couilles », est-ce que mon père regarde toujours autant la télé, qu'est-ce qu'on a grandi, tout de même. Y a-t-il des taxis à la borne ? Où va accoucher notre belle-mère ? Fille ou garçon ? Clinique ou hôpital ? Qui est ce Christian qui a laissé des graffitis dans la chambre de Flo : « Terre, je t'aime » et « Homme, tu es mon ami » ?

7 juin

Ma mère :

– Alors, je la vois quand ?

Moi :

– Ah, pardon, tu me parles ?

8 juin

J'ai appelé Lisa pour l'appâter avec un trésor de guerre : les corrigés du bac des cinq années précédentes. Une mine d'or d'informations.

– Mais tout le monde a ça.

– Non, mais là, y a des trucs en plus, des corrigés incroyables !

– J'espère que tu ne me fais pas perdre mon temps.

Je savais où ma mère avait l'habitude de prendre son petit crème et à quelle heure. J'ai donné rendez-vous à Lisa devant le café. J'ai fait comme si les corrigés restaient coincés au fond de mon sac, en attendant que ma mère sorte.

– Bon, alors tu te grouilles !

– Oui, bah, excuse-moi de vouloir t'aider à avoir ton bac… Ah, voilà !

J'ai retiré un vieux classeur. À travers la vitre, j'ai regardé ma mère payer au comptoir. J'ai dit à Lisa :

– Je crois que t'as un cil sur la joue…

– Ah bon ? Je ne sens rien.

– C'est normal, c'est un cil. Vas-y, fais un vœu et donne-toi une claque.

Lisa s'est donné une tapette sur la joue de droite. Je n'ai pas pu m'empêcher de lui demander :

– C'était quoi, ton vœu ?

– Ça ne te regarde pas et… ça ne te concerne pas.

– Ah, OK. Bon, de toute façon, ça n'a pas marché. J'espère que ce n'était pas pour avoir ton bac, j'ai rajouté, vexé.

Ma mère est sortie du café. Dès que je l'ai vue, j'ai dit à Lisa :

– Attends, je vais t'aider.

J'ai caressé sa joue gauche pour faire disparaître le cil inventé.

– Ben voilà, c'était pas compliqué…

J'ai claqué des doigts pour conclure mon numéro de prestidigitateur. Je me suis même permis de laisser ma main descendre sur son cou.

Lisa s'est reculée. J'ai senti qu'elle allait me dire : « C'est quoi, ton plan, là ? », mais ma mère l'a interrompue avant qu'elle ne parle.

– Alors, c'est vous, Lisa ? Mon fils m'a… Enfin, je suis sa mère, lui n'a pas dû vous parler de moi. Bon, je vous laisse, je suis ravie de vous avoir rencontrée.

J'ai regardé ma mère partir. Même de dos, j'ai vu qu'elle était contente.

– Bon, alors, ces corrigés ?

– Écoute, c'est trop con, je crois que j'ai pris ceux du brevet des collèges.

Lisa a eu la délicatesse de ne rien me dire. Elle a juste penché la tête pour me regarder de travers.

9 juin

Ma belle-mère a eu des contractions rapprochées. Mon père a failli faire le dîner. Fausse alerte.

10 juin

Bruits de couloir. Je passe en première. C'est Chevanovian qui me l'annonce. Il est toujours aussi petit et joue toujours à la balle contre le mur, mais il a l'avantage d'être délégué de classe et dans le secret des dieux.

Bruits de couloir, la suite ! Karim a invité Nathalie à l'opéra (place du comité d'entreprise de son père). Je lui donne un petit conseil vestimentaire : la chemise orange, oublie.

11 juin

Lisa passe son bac et moi je repasse un T-shirt. Nous n'en sommes vraiment pas au même stade d'évolution. Ma mère : sitôt arrivée, sitôt repartie. Un problème de « résistance » sur un tube en plastoc. La veille de mon anniversaire, son excuse fait un peu toc.

12 juin
Mon père me raconte une énième fois comment il a été génial le jour de ma naissance. Avec lui, on dirait que, ce jour-là, ma mère était partie faire des courses.

15 juin
Ça sent la fin des cours, je continue d'aller au lycée dans l'espoir de croiser Lisa, mais je la sais enfermée en « bibli ».

18 juin
Cédric a raconté un épisode de *Miss Marple* à Madeleine. La pauvre n'a pas supporté. Elle est rentrée chez elle regarder *Les experts.*

21 juin
Été et fête de la Musique. Concert d'adieu des Œufs Deep, qui doivent se reformer en Les Patrick's, après avoir changé de batteur. Je supplie Flo de m'accompagner. Je me mets à la place de Christian. Flo accepte si je change de jean. Les slims ne sont plus

tendance. Le baggy est de retour : Michaël, au secours !

24 juin
Ma belle-mère a accouché d'un petit « Lucas ». Comme s'il n'y en avait pas déjà assez sur terre !

Ma mère a réglé son problème. Elle est arrivée juste à temps pour oublier d'offrir des fleurs à belle-maman.

25 juin
Ma mère toujours. Elle saute au plafond en apprenant qu'elle va me voir jouer au théâtre.

Comment j'ai pu lui cacher ça ?!, me demande-t-elle, les larmes aux yeux.

Je me le demande.

27 juin
Je sais que je ne la reverrai certainement plus après. Elle m'a donné rendez-vous en bas de chez elle pour l'accompagner au théâtre. J'ai cru un moment qu'elle allait me laisser monter mais c'était peut-être mieux ainsi. J'ai eu un petit rire nerveux en pensant que j'allais probablement la tenir dans mes bras. Distant et classe, je n'ai rien montré. J'avais dix mille

questions à lui poser, celles qu'on pose quand on sait qu'on ne va plus revoir quelqu'un. Qu'est-ce qu'elle allait faire après ? Est-ce qu'elle allait louer un studio ? Comment s'appelaient ses parents ? Mais j'en avais surtout une, délicate et essentielle. Qu'est-ce que j'étais pour elle ? Je l'ai formulée de la façon la plus maladroite au monde :

– Pourquoi ça ne s'est jamais fait entre nous ?

J'ai failli me prendre un poteau en posant la question. J'ai marché dans le caniveau en écoutant la réponse.

– Pourquoi ? Ça aurait dû ?

– Euh, non… Pas forcément. Mais t'as bien vu que…

– Que quoi ?

– Que rien.

– Ben voilà, tout le monde est content, alors.

J'ai osé :

– Tu sais, je passe en première.

– C'est bien.

J'ai cru qu'elle allait ajouter « mon petit ». Elle était déjà ailleurs, probablement avec son Fred dans un amphi de fac.

Nous avons continué à marcher en silence. J'étais refroidi quand Mme Danielle nous a accueillis :

– Aujourd'hui, je compte beaucoup sur vous.

Comme si je n'avais pas assez de pression ! On est partis se changer en coulisses. Mme Danielle nous avait préparé des sous-pulls multicolores unisexes.

– Ils sont le public, vous êtes les acteurs, il faut que ça se voie !

Son Jacques avait préparé un petit décor bucolique en papier mâché. Il semblait avoir l'imaginaire d'un CM1. Tout était rose ou orangé. Des coulisses, j'entendais la rumeur du public et la voix grave de ma mère :

« Tu crois qu'il va être bien ? », puis des mots bien à elle : « sa Lisa », « pas trop grande pour lui ? ». J'ai couvert sa voix en demandant à Lisa un chewing-gum. Ma sœur piapiatait avec sa copine tétine tandis que Cédric parlait très fort à son amie Madeleine comme si c'était miss Marple. Isabelle, la fille qui rêve de ressembler à Adjani (mais qui ressemble en fait à Florence Foresti), m'a dit :

– Moi, c'est ma deuxième fois, j'adore regarder qui il y a dans la salle.

Je me suis dit : « J'ai déjà le son, pourquoi pas l'image. Oh, comme c'est mignon ! David Pujadas est venu avec Nathalie Sicard. Kim est là, aussi. Il a voulu fêter sa nouvelle veste en l'apportant au théâtre. » Lisa m'a dit :

– Prépare-toi, j'ai pas envie de foirer à cause de toi.

Je voulais lui dire que ce n'était pas un exercice, qu'on n'était pas notés. Mais bon. J'ai réajusté mon sous-pull jaune et j'ai entendu Mme Danielle nous présenter :

– Ils sont jeunes, ils sont beaux. Soyez indulgents !

Elle s'est tournée vers son Jacques pour le remercier de sa merveilleuse pièce, *Il faut être au moins deux pour s'aimer.*

Son Jacques s'est lissé les moustaches. Et elle a conclu en disant :

– Bon spectacle et à tout à l'heure.

Je devais m'avancer en premier à cloche-pied, car Fredon est un cul-de-jatte. J'ai évité les regards de ma mère qui me faisait coucou de la main et j'ai hurlé :

– Je suis Fredon, preux chevalier unijambiste du royaume de Gazam.

J'ai vu Fred regarder sa montre, alors j'ai pensé : « Je ne suis pas Fred, couillon d'Île-de-France, futur représentant en cuisines. »

Lisa s'est avancée à son tour et elle a dit :

– Je suis Fredonne, princesse de Gazam, si j'ai les oreilles en pointe, ce n'est que pour mieux t'écouter, Fredon.

J'ai pensé : « Mouais, tu es surtout Lisa, ex-option théâtre qui vient se faire applaudir par son Playmobil. »

Des sous-pulls colorés sont sortis des coulisses pour annoncer :

Fredon, Fredonne, vous voilà réunis
Buvez, buvez et aimez-vous pour la vie.

J'ai pensé : « Tiens, y en a un qu'a mis son sous-pull à l'envers. »

Lisa s'est approchée de moi avec un petit pot de lait.

Elle m'a dit :

– Beau Fredon, bois, le chœur a dit qu'un bon verre de lait ne pouvait pas faire de mal.

J'ai pensé : « Qu'est-ce qu'elle est nulle, sa pièce à son Jacques, tout de même. »

Doucement, j'ai bu le liquide qu'elle me tendait.

Elle a ajouté :

– Et maintenant, Fredon, nous allons nous cuire

une omelette en y ajoutant du lait, pour que tu reprennes des forces.

Le chœur a apporté une cuisinière pour enfants des coulisses. Lisa m'a dit :

– Depuis que l'homme est homme et que la femme est femme, jamais je n'ai aimé un être comme toi, Fredon.

J'ai regardé le public en plissant les yeux, selon les indications de Mme Danielle. Ma sœur était en train de pleurer de rire en se mordant le poing pour ne pas faire de bruit. Alors, moi aussi j'ai commencé à sourire et à m'empêcher de rire.

Lisa s'est avancée vers moi. Elle marchait comme un petit robot. Je sentais qu'elle comptait le nombre de pas pour m'atteindre. Elle m'a entouré de ses bras. Ce n'était pas agréable. Elle le faisait sans tendresse, mécaniquement, comme on lui avait dit de faire. J'ai ressenti un pincement au cœur, un énervement. J'ai pensé : « Elle est peut-être en terminale, mais quelle nouille ! » Je lui ai dit :

– Fredonne, je m'agenouillerais devant toi, si j'avais deux jambes. Mais tu vois bien que ce n'est pas possible.

J'ai pensé : « Même si j'en avais trois, je ne le ferais pas. »

Lisa m'a dit :

– Bientôt, ce sera possible, Fredon, je le sais, je le crois.

Je me suis dit : « Mouais, mouais, c'est ça. »

Je me suis tourné vers Mme Danielle, qui m'a fait signe de me concentrer. Lisa m'a versé du lait une nouvelle fois. Elle m'a dit :

– Je t'aime, Fredon.

J'ai reposé ma jambe de cul-de-jatte sur le sol et j'ai pensé : « Tu ne m'aimes pas, Lisa. »

Elle a crié :

– Mais oui, tu marches, tu marches, c'est un miracle !

Je me suis avancé vers elle pour la serrer dans mes bras et j'ai pensé : « Tu as raison, Lisa, mais ce n'est pas cela, le miracle. Le miracle, c'est que je ne t'aime plus. Je n'aime plus ta façon de me regarder comme si j'étais ton petit bonhomme de seconde, ni ta façon de te sentir supérieure parce que tu as deux ans de plus que moi. Je n'aime plus ta façon de jouer avec moi sur scène ou dans la vie. Je ne t'aime plus, Lisa, et ce n'est pas à cause de ton sous-pull bleu qui te fait ressembler à un Schtroumpf. »

Je l'ai pensé, mais je ne l'ai pas dit. Je l'ai serrée

dans mes bras et j'ai déposé un baiser sur son front, comme un preux chevalier.

Je suis parti rejoindre le chœur pour célébrer la danse des amoureux de la forêt.

Mme Danielle s'est mise à applaudir en même temps que ma mère parce que le spectacle était fini, j'ai pensé qu'il l'était aussi. Pendant les saluts, Lisa m'a pris la main. Mais qu'est-ce qu'elle me veut, celle-là, à la fin ?

30 juin

J'interromps mon journal pendant les vacances. Mes recherches de crustacés sur les plages normandes n'intéresseront personne, même pas moi. À moins de trouver l'amour au pied d'un coquillage… Distant mais classe.